10分《ぷん》で読《よ》める伝《でん》記《き》

4年生

監修 塩谷京子

Gakken

もくじ

※この本《ほん》では、明治時代《めいじじだい》より前《まえ》に生《う》まれた日本人《じん》の年《ねん》れいについては、数《かぞ》え年《どし》で表《あらわ》しています。

「不可能《ふかのう》という文字《もじ》はない」と言《い》ったフランスの英雄《えいゆう》

ナポレオン

文・甲斐 望
絵・鳥飼規世

地中海《ちちゅうかい》にうかぶ、コルシカ島《とう》。

かわいた熱風《ねっぷう》のふくこの島《しま》は、当時《とうじ》一つの国《くに》として、島《しま》の人《ひと》びとが自分《じぶん》たちで決《き》まりを作《つく》り、平和《へいわ》にくらしていました。

ところが、一七六八年《ねん》、島《しま》がフランスに支配《しはい》されてからは、人《ひと》びとは自由《じゆう》をうばわれ、重《おも》いぜい金《きん》をかけられ、まずしさにあえいでいました。

ある男《おとこ》が、息子《むすこ》にゆめをたくしました。

「息子《むすこ》よ。フランス本土《ほんど》でたくさんのことを学《まな》び、コルシカに帰《かえ》ってきなさい。おまえの力《ちから》でコルシカに平和《へいわ》を取《と》りもどすのだ。」

息子《むすこ》の名《な》は、ナポレオン・ボナパルト。

小《ちい》さな船《ふね》に乗《の》り、ナポレオンはたった九歳《さい》で、フランスへと旅《たび》立《だ》ったのです。

「やあい、コルシカなまりの、いなか者《もの》！」

ここは、フランス本土《ほんど》の陸軍幼年学校《りくぐんようねんがっこう》。軍人《ぐんじん》を目指《めざ》して入学《にゅうがく》したナポレオンを待《ま》っていたのは、生徒《せいと》たちからのいじめでした。

「コルシカのびんぼう人《にん》は、あっち行《い》け！」

生徒《せいと》のほとんどは、フランスの貴族《きぞく》です。体《からだ》が小《ちい》さくて、やせっぽちのナポレオンは、いつもひと

りで、つらさにたえつづけました。

「くやしいよ……父《とう》さん。やつらはコルシカをばかにしている。すばらしい島《しま》なのに……。」

くやしさをばねに、ナポレオンはだれよりも勉強《べんきょう》にはげみました。

「あいつ、すごいな。けっこうやるじゃないか。」

友《とも》だちの見《み》る目《め》が変《か》わり、ナポレオンの心《こころ》に、少《すこ》しずつ勇気《ゆうき》がわいてきました。

そして、ある冬《ふゆ》の日《ひ》のこと——。

「すごい大雪《おおゆき》だ。みんな、外《そと》へ出《で》ようぜ。」

生徒《せいと》たちは、二組《ふたく》みに分《わ》かれて雪合戦《ゆきがっせん》をすることにしました。

するとナポレオンは、自分《じぶん》の味方《みかた》たちに、こうさけんだのです。

「ただバラバラに玉《たま》を投《な》げても、勝《か》てないぞ。作戦《さくせん》を立《た》てて、みんなが同《おな》じ心《こころ》で戦《たたか》うんだ。」

ナポレオンは、仲間《なかま》を二つに分《わ》け、一つは玉《たま》を投《な》げて戦《たたか》う組《くみ》に、もう一つは雪玉《ゆきだま》を作《つく》る組《くみ》にしました。雪玉《ゆきだま》という「武器《ぶき》」を、たくさんたくわえさせたのです。そして、てきがつかれたすきをねらい、飛《と》びだしました。

「それ行《い》け！　とつげき！」

みごと、大勝利《だいしょうり》をおさめました。

「ばんざい。ナポレオンの作戦《さくせん》は、すごいや。」

だれもがナポレオンを、見直《みなお》しました。

その後《ご》、十五歳《さい》でパリの陸軍士官学校《りくぐんしかんがっこう》に入学《にゅうがく》。やがてフランスの軍隊《ぐんたい》に入《はい》りました。ゆうしゅうなナポレオンは、みんなをまとめる指揮官《しきかん》として活《かつ》やく。そして、仕事《しごと》が終《お》わると部屋《へや》にこもり、本《ほん》を読《よ》みました。貴族生《きぞくう》まれの軍人《ぐんじん》が、夜《よる》のパリへと遊《あそ》びに行《い》く中《なか》、めずらしいナポレオンにとっては、本《ほん》だけが友《とも》だちでした。

中《なか》でもルソーという人《ひと》が書《か》いた本《ほん》に心《こころ》を熱《あつ》くし、何度《なんど》も読《よ》みかえしました。ルソーは『国《くに》の政治《せいじ》の中心《ちゅうしん》は人民《じんみん》である』と説《と》いていました。

「人《ひと》はみな自由《じゆう》なんだ。お金持《かねも》ちも、びんぼうな人《ひと》も、本当《ほんとう》は同《おな》じだけ自由《じゆう》になれるはずだ。ぼくも自由《じゆう》な世《よ》の中《なか》を、コルシカに作《つく》るぞ。」

そんなとき。——運命《うんめい》をゆるがす大事件《だいじけん》が、起《お》きたのです。ナポレオンが二十歳《さい》になる夏《なつ》の日《ひ》のこと。まずしさに苦《くる》しむパリの市民《しみん》が集団《しゅうだん》となり、町《まち》でさけびはじめたのです。

「パンをあたえよ！　パンをあたえよ！」

フランス革命《かくめい》でした。

当時《とうじ》のフランスは、国王《こくおう》が強《つよ》い力《ちから》をもち、貴族《きぞく》など身分《みぶん》の高《たか》い人《ひと》だけに自由《じゆう》がゆるされていました。そして、国王《こくおう》や貴族《きぞく》たちは、ぜいたくな生活《せいかつ》をおくっていました。

地方《ちほう》の農民《のうみん》たちのくらしは、みじめなものでした。

がんばって作物《さくもつ》を育《そだ》てても高《たか》いぜい金《きん》をとられ、しかも、いい作《さく》物《もつ》は取《と》りあげられました。道路《どうろ》などをつくるときは、ただで働《はたら》かされます。お金《かね》も食《た》べ物《もの》もなく、うえ死《じ》にする者《もの》もいたのです。

「貴族《きぞく》のやつら……もう、がまんできねえ。」

いかりはばく発《はつ》し、石《いし》やぼうを手《て》に、市民《しみん》が立《た》ちあがりました。

その数《かず》はどんどんふえ、軍隊《ぐんたい》でも止《と》められないいきおいになっていきました。

「市民《しみん》の力《ちから》が……国《くに》を変《か》えようとしている。」

ナポレオンは、感《かん》じていました。

「今《いま》こそ、コルシカが自由《じゆう》になるチャンスだ。」

ナポレオンはフランス本土《ほんど》をはなれ、コルシカに帰《かえ》ることにしました。ところが――。

島《しま》では、一人《ひとり》の政治家《せいじか》が、自分《じぶん》の意見《いけん》に反対《はんたい》する者《もの》を力《ちから》でおさえつけていました。そして、うたがいの目《め》は――ナポレオンに向《む》けられたのです。

「ナポレオンは、フランス軍《ぐん》にいたんだ。いつ、われわれをうらぎるか、わからないぞ。今《いま》のうちに、一家《いっか》をみなごろしにしてしまえ。」

この計画《けいかく》をこっそり聞《き》きつけた人《ひと》が、ナポレオンの家《いえ》にかけこんできました。

「ナポレオンさんをころそうとしている人《ひと》たちが来《き》ます。急《いそ》いでにげてください。」

「なんだって。」

ナポレオンは、家族《かぞく》と海岸《かいがん》へ走《はし》りました。お母《かあ》さんと兄弟《きょうだい》たちを船《ふね》に乗《の》せ、ふりむくと──わが家《や》は、火《ひ》の海《うみ》につつまれていました。

「コルシカ人同士《じんどうし》が、にくしみあうなんて……ぼくのふるさとは、消《き》えてしまった……。」

ひとみにほのおをうつし、なみだをにじませ――ナポレオンは、こう決《き》めたのでした。

「今日《きょう》からぼくは、フランス人《じん》になる。」

二十四歳《さい》になる少《すこ》し前《まえ》のことでした。

家族《かぞく》とともにたどりついたフランス本土《ほんど》は、大《だい》こんらんとなっていました。国王《こくおう》とおきさきは処刑《しょけい》され、その後《ご》トップに立《た》ったのは、市民《しみん》の中《なか》でも極《きょく》たんな考《かんが》えをもつ人《ひと》たちでした。かれらは自分《じぶん》たちにそむく者《もの》を次《つぎ》つぎに処刑《しょけい》し、一万《まん》六千人以上《せんにんいじょう》もの市民《しみん》をころしてしまったのです。

フランス軍《ぐん》は、頭《あたま》をなやませていました。

「このこんらんをしずめられるのは……だれだ。」

すると、一人《ひとり》がさけびました。

「ナポレオンにまかせてみよう。」

軍《ぐん》の司令官《しれいかん》となったナポレオンは、丘《おか》や建物《たてもの》の屋上《おくじょう》から、たいほうをうつ作戦《さくせん》を考《かんが》え、わずか数時間《すうじかん》で町《まち》をしずめました。

ナポレオンは、人《ひと》びとにうったえました。

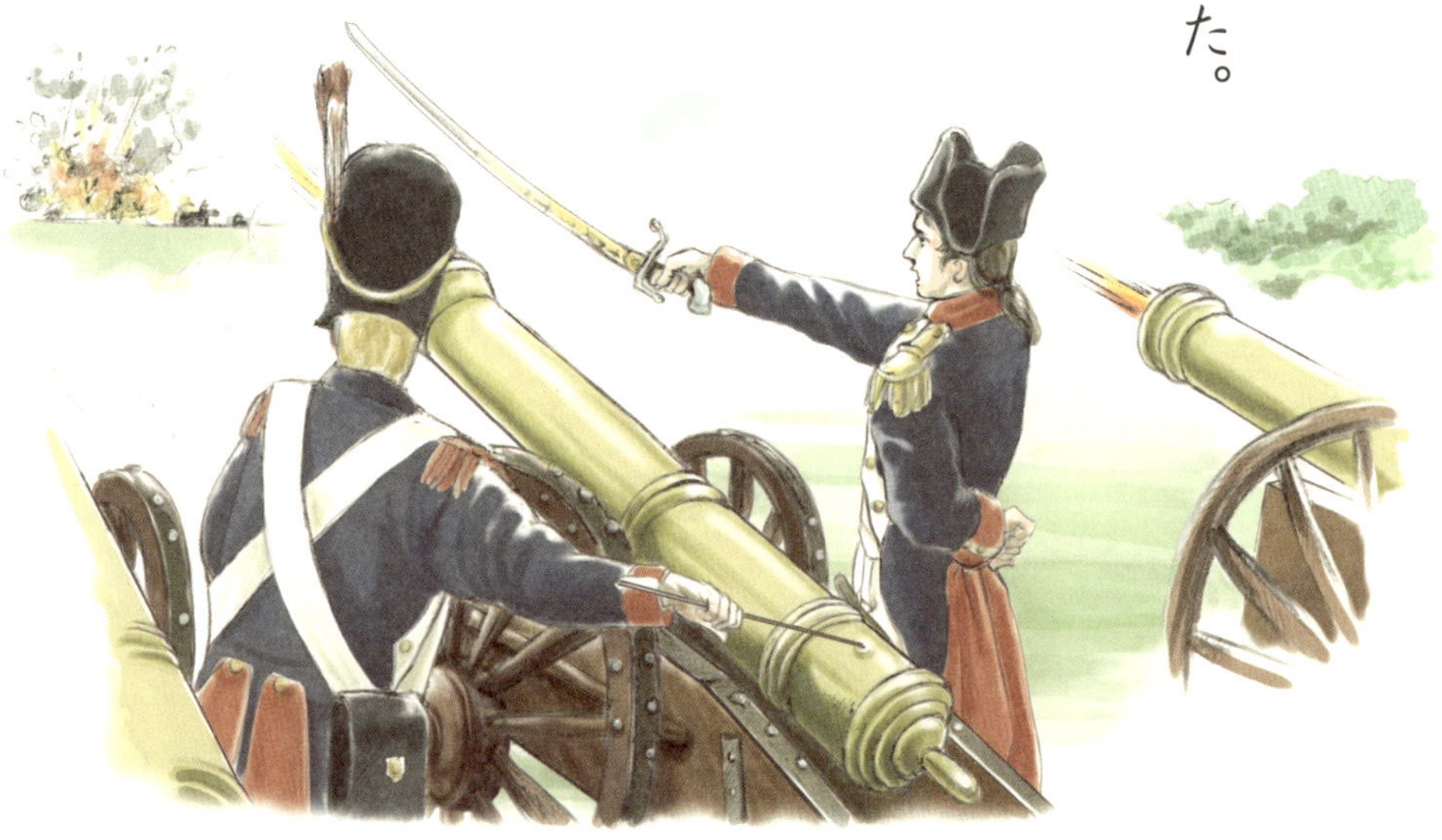

「今《いま》は、市民同士《しみんどうし》で争《あらそ》っている場合《ばあい》ではない。外国《がいこく》が、せめてきているのだ。」

このころ、市民《しみん》が力《ちから》をもったフランスにおそれを感《かん》じたヨーロッパの国《くに》ぐにが、フランスに戦《たたか》いをしかけてきていたのです。特《とく》にオーストリアは、自分《じぶん》の国《くに》で生《う》まれたおきさきが処刑《しょけい》されたことで、いかりをばく発《はつ》させていました。オーストリア軍《ぐん》は、フランス軍《ぐん》の数《かず》をはるかに上回《うわまわ》っています。

それでも、ナポレオンはさけびました。

「わがフランス軍兵士《ぐんへいし》たちよ。数《かず》は少《すく》なくとも、戦《たたか》いに勝《か》つ方法《ほうほう》はある。心《こころ》を一つにすることだ。わたしは、きみたちの力《ちから》を信《しん》じるぞ。」

司令官《しれいかん》からの直接《ちょくせつ》のかけ声《ごえ》に、兵士《へいし》たちは感《かん》げきし、力《ちから》をみなぎらせました。ナポレオンは自分《じぶん》の手《て》で武器《ぶき》を運《はこ》び、夜《よる》は見張《みは》りに立《た》ち、どの兵士《へいし》よりも働《はたら》きました。

軍《ぐん》の先頭《せんとう》で戦《たたか》うナポレオンを見《み》て、兵士《へいし》たちも死《し》にものぐるいで戦《たたか》いました。こうしてフランスは、勝利《しょうり》をおさめたのです。

「すごいぞ。ナポレオン将軍《しょうぐん》、ばんざい。」

ナポレオンの名《な》は、ヨーロッパ中《じゅう》に知《し》れわたりました。エジプトやイタリアでも次《つぎ》つぎと勝利《しょうり》をおさめ、そのいきおいは、ヨーロッパ全土《ぜんど》をおさえるほどになっていきました。

その後《ご》、ナポレオンはみずからトップに立《た》ち、国《くに》を立《た》てなおしました。ぜい金《きん》のがくをきちんと決《き》め、公立《こうりつ》の学校《がっこう》を建《た》て、まずしい子《こ》どもでも学校《がっこう》に行《い》けるようにしました。道路《どうろ》も整備《せいび》され、交通《こうつう》も便利《べんり》になりました。

また、市民《しみん》の自由《じゆう》を記《しる》した法《ほう》りつ「ナポレオン法典《ほうてん》」を完成《かんせい》させました。これはのちに、アメリカや日本の法《ほう》りつの手本《てほん》となりました。

そして、ついに――ナポレオンは三十四歳《さい》で、「皇帝《こうてい》」の座《ざ》についたのです。

「わたしの辞書《じしょ》に、不可能《ふかのう》という文字《もじ》はない。もっともっと、わが国《くに》を広《ひろ》げていくぞ。」

ナポレオンは、その後《ご》も世界《せかい》へと飛《と》びだしていきますが、ヨー

ロッパ連合軍《れんごうぐん》との戦《たたか》いに負《ま》け、十年《ねん》以上《いじょう》にわたる戦争《せんそう》は終《お》わりました。ナポレオンは、皇帝《こうてい》の位《くらい》からおろされ、やがて、五十一歳《さい》でなくなりました。

自由《じゆう》を求《もと》め、波《は》らんの人生《じんせい》を歩《あゆ》んだわかき皇帝《こうてい》——その死《し》から数《すう》十年後《じゅうねんご》、フランスにようやく、平和《へいわ》な世《よ》の中《なか》がおとずれたのです。

ナポレオン・ボナパルト
（一七六九～一八二一年《ねん》）

ナポレオンの軍隊《ぐんたい》が強《つよ》かった理由《りゆう》

戦争《せんそう》で勝《か》ちつづけたナポレオンですが、それは、フランス軍《ぐん》の兵士《へいし》たちが大変《たいへん》ゆうかんに戦《たたか》ったからでした。その理由《りゆう》は、ナポレオンがいつも、兵士《へいし》たちの立場《たちば》になって行動《こうどう》していたからです。ナポレオンは戦《たたか》いの間《あいだ》、兵士《へいし》たちと同《おな》じ場所《ばしょ》にねとまりし、よごれた軍服《ぐんぷく》を着《き》ていました。感《かん》げきした兵士《へいし》たちは、ナポレオンのためなら死《し》んでもいい、とさえ思《おも》いました。ですから、ナポレオンの軍隊《ぐんたい》は強《つよ》かったのです。

ほこり高《たか》き
最後《さいご》の
フランス王妃《おうひ》

マリー・アントワネット

文・粟生こずえ
絵・三村久美子

マリー・アントワネットは、一七五五年《ねん》にオーストリアの王女《おうじょ》として生《う》まれました。女王《じょおう》マリア・テレジアの十五番目《ばんめ》の子《こ》どもです。りっぱな王女《おうじょ》になるため、マリーにはたくさんの家庭教師《かていきょうし》がつけられていました。明《あか》るく活発《かっぱつ》なマリーは、ダンスや音楽《おんがく》の授業《じゅぎょう》は好《す》きでしたが、じっとすわって勉強《べんきょう》をするのは大《だい》の苦手《にがて》です。にげだしてしまうことも、よくありました。

それでも、マリーがにっこり笑《わら》って、

「ごめんなさい。お願《ねが》いだからお父様《とうさま》やお母様《かあさま》にはないしょにしてね。」

と言《い》うと、だれも強《つよ》くしかることができなくなってしまうのでした。

しかし、幸《しあわ》せな少女時代《しょうじょじだい》が、とつぜん終《お》わる日《ひ》がやってきました。

ある日《ひ》、女王《じょおう》はマリーをよんで、こうつげたのです。

「マリー、あなたはフランスへ、およめに行《い》くのですよ。」

「えっ、どうしてわたしがフランスへ……。」

そのころのヨーロッパでは、国同士《くにどうし》の争《あらそ》いがたえませんでした。

戦争《せんそう》でたくさんの兵士《へいし》がなくなり、オーストリアは国《くに》の一部《いちぶ》をうばわれてしまいました。

女王《じょおう》は、この先《さき》も争《あらそ》いが続《つづ》けば、勝《か》つ見《み》こみはないと考《かんが》えました。

オーストリアが生《い》きのこるには、フランスと手《て》を組《く》むことが必要《ひつよう》です。

「あなたがフランスの皇太子様《こうたいしさま》と結婚《けっこん》することで、オーストリアを守《まも》ることができるのですよ。」

このとき、わずか十四歳《さい》のマリーには、女王《じょおう》の言《い》っていることがよくわかりませんでした。それでも、「オーストリアを守《まも》る」という言葉《ことば》は、マリーの心《こころ》に深《ふか》くひびきました。

「わかりました、お母様《かあさま》。わたしは、フランスへ参《まい》ります。」

マリーは家族《かぞく》と別《わか》れ、フランスにわたりました。夫《おっと》となるのは、フランス国王《こくおう》ルイ十五世《せい》のまごのルイ・オーギュスト皇太子《こうたいし》です。皇太子《こうたいし》はこのとき、十五歳《さい》でした。

マリーが初《はじ》めて皇太子《こうたいし》に会《あ》ったわずか二日後《ふつかご》には、ベルサイユ宮《きゅう》でんで、りっぱな結婚式《けっこんしき》が開《ひら》かれました。マリーのすがたを見《み》ようと、宮《きゅう》でんの外《そと》にはたくさんの人《ひと》がつめかけました。

「なんて、かわいらしい方《かた》だろう。」

「マリー・アントワネット様《さま》、ばんざい！」

マリーは、すぐにフランスの人《ひと》びとの人気者《にんきもの》になりました。

しかし、新《あたら》しい生活《せいかつ》は、たいくつなものでした。皇太子《こうたいし》は、かりや自分《じぶん》のしゅみに夢中《むちゅう》で、あまりかまってくれません。

にぎやかな場所《ばしょ》が好《す》きなマリーと、おだやかなせいかくの皇太子《こうたいし》とでは、好《この》みが合《あ》わないのです。

マリーにとっては、おしゃれをするこ

とがいちばんの気《き》ばらしでした。宮《きゅう》でんにデザイナーをよんでは、次《つぎ》つぎに新《あたら》しいドレスやごうかなほう石《せき》のアクセサリーを作《つく》らせました。かみがたには、特《とく》にこだわっていました。毎朝《まいあさ》美容師《びようし》が、かみを三十センチもの高《たか》さに結《ゆ》いあげ、ドレスに合《あ》わせたかざりをつけてくれます。最新《さいしん》の流行《りゅうこう》のおしゃれをして、夜《よる》になると年《とし》の近《ちか》い貴族《きぞく》といっしょに、ぶとう会《かい》に出《で》かけました。

結婚《けっこん》してから四年後《ねんご》。国王《こくおう》が重《おも》い病気《びょうき》にたおれ、なくなってしまいました。とつぜんのできごとでした。

皇太子《こうたいし》は、十九歳《さい》で新《あたら》しい国王《こくおう》、ルイ十六世《せい》となりました。まだ世《よ》の中《なか》のことをよく知《し》らないルイ十六世《せい》にとって、これはとても大《たい》変《へん》なことでした。そして、十八歳《さい》のマリーも、王妃《おうひ》という立場《たちば》を、よくわかってはいなかったのです。

王妃《おうひ》としてきちんとふるまわねばならないことを、マリーはきゅうくつに感《かん》じていました。

「わたしは自由《じゆう》でいたいのに。のびのびできる場所《ばしょ》がほしいわ。」

マリーはルイ十六世《せい》にたのんで、宮《きゅう》でんから少《すこ》しはなれた場所《ばしょ》に、別荘《べっそう》を買《か》ってもらいました。別荘《べっそう》は、いつも親《した》しい友人《ゆうじん》でいっぱいでした。

音楽会《おんがくかい》を開《ひら》いたり、おしゃべりをしたり、楽《たの》しいことばかりです。マリーは、

気《き》ままにすごせる別荘《べっそう》で、長《なが》い時間《じかん》をすごすようになりました。そのため、王妃《おうひ》としての仕事《しごと》は、おろそかになりがちでした。

こうした王妃《おうひ》の生活《せいかつ》とは反対《はんたい》に、国民《こくみん》はまずしい生活《せいかつ》に苦《くる》しんでいました。

このころのフランスは、お金《かね》のやりくりにこまり、市民《しみん》や農民《のうみん》から取《と》りたてるぜい金《きん》をふやしていました。一七七五年《ねん》、イギリスに支配《しはい》されていたアメリカが、国《くに》を独立《どくりつ》させるためにイギリスと戦争《せんそう》を起《お》こしました。フランスは、アメリカを助《たす》けるために、この戦争《せんそう》でたくさんのお金《かね》を使《つか》ったのです。

さらに運《うん》の悪《わる》いことに、このころは天候《てんこう》が悪《わる》くて作物《さくもつ》がありあまりとれず、人《ひと》びとは毎日《まいにち》食《た》べるパンにもこまるくらしをしていました。

国民《こくみん》の不満《ふまん》は、マリーに向《む》かいました。

「おれたちが苦《くる》しい思《おも》いをするのは、王妃《おうひ》がむだづかいをしているせいだ。」

もちろん、ぜいたくをしていたのは、マリーだけではありません。けれども、王妃《おうひ》として目立《めだ》った行動《こうどう》をしていたために、マリーの人気《にんき》は落《お》ちていったのです。

しかし、マリーに子《こ》どもが生《う》まれたときには、国民《こくみん》は心《こころ》からよろこび、あとつぎの誕生《たんじょう》を祝《いわ》いました。結婚《けっこん》して八年《ねん》がたっていました。

母《はは》となったマリーは遊《あそ》びをやめ、一生《いっしょう》けん命子《めいこ》どもを育《そだ》てました。マリーのまじめなすがたに、王妃《おうひ》としての人気《にんき》もまた高《たか》まったかに見《み》えました。

ところが、思《おも》いがけない事件《じけん》が起《お》こります。ある女性《じょせい》がマリーの名前《なまえ》を使《つか》って、高価《こうか》なほう石《せき》の首《くび》かざりをだましとったのです。マリーはほう石《せき》の代金《だいきん》をごまかしたことにされ、その首《くび》かざりもどこかに消《き》えてしまいました。結局《けっきょく》、この女性《じょせい》はつかまってばつを受《う》け、マリーは関係《かんけい》がないとわかりました。

しかし、これまでずいぶんぜいたくをしていたために、マリーにうたがいの目《め》を向《む》ける人《ひと》たちは少《すく》なくありませんでした。国中《くにじゅう》の注《ちゅう》目《もく》を集《あつ》めた「首《くび》かざり事件《じけん》」にまきこまれたことで、マリーは、ふたたび、ひどく人気《にんき》を落《お》としてしまうのです。

フランスは、あいかわらず国《くに》のお金《かね》が足《た》りませんでした。しかし今《いま》まで国民《こくみん》は重《おも》いぜい金《きん》に苦《くる》しんでいたので、さすがにもうふやすことはできません。

ルイ十六世《せい》が考《かんが》えたのは、これまでぜい金《きん》を取《と》っていなかった貴《き》族《ぞく》や僧《そう》からも、ぜい金《きん》を集《あつ》めることでした。

しかし、この思《おも》いつきは大反対《だいはんたい》を受《う》けました。しかも、そのために、貴族《きぞく》や僧《そう》の中《なか》に、

「国王《こくおう》は信用《しんよう》できない。」

「もう国王《こくおう》に政治《せいじ》をまかせてはおけない。」

と、言《い》いだす者《もの》があらわれました。

こうして、市民《しみん》や農民《のうみん》だけでなく、一部《いちぶ》の貴族《きぞく》や僧《そう》までが、国王《こくおう》をたおそうと立《た》ちあがったのです。

平等《びょうどう》なくらしを求《もと》めて結成《けっせい》された国民軍《こくみんぐん》は、国王《こくおう》の守備隊《しゅびたい》をおさえて、バスチーユかんごくをせんりょうしました。これが、フランスのれきしを変《か》える「フランス革命《かくめい》」の始《はじ》まりでした。

知《し》らせを受《う》けたベルサイユ宮《きゅう》でんは、大《おお》さわぎになりました。

「大変《たいへん》なことになったわ……。でも、どんなことになろうとも、わたしはこの子《こ》たちを守《まも》らなければ。」

マリーは子《こ》どもたちをかたくだきしめ、心《こころ》にちかいました。

人《ひと》びとのいきおいは、日《ひ》に日《ひ》にはげしくなる一方《いっぽう》でした。

しばらくして、マリーはルイ十六世《せい》、子《こ》どもたちとともにベルサイユ宮《きゅう》でんをはなれ、古《ふる》い宮《きゅう》でんに引《ひ》っこしました。ぶとう会《かい》のようなはなやかなことはせず、静《しず》かにくらしていました。しかし、そんなある日《ひ》、貴族《きぞく》の友人《ゆうじん》から、国民軍《こくみんぐん》がルイ十六世《せい》の命《いのち》をねらっているという、じょうほうを聞《き》かされたのです。

マリーたちは、国外《こくがい》へにげる決心《けっしん》をかためました。

「オーストリアに行《い》けば、助《たす》けてもらえるわ。しばらくオーストリアでくらして、それから王家《おうけ》の力《ちから》を取《と》りもどす方法《ほうほう》を考《かんが》えましょう。」

友人《ゆうじん》に協力《きょうりょく》してもらい、身分《みぶん》がわからないように変《へん》そうをして、馬車《ばしゃ》を走《はし》らせました。しかし、国境《こっきょう》まであと少《すこ》しというところで、とらえられてしまったのです。

マリーとルイ十六世《せい》は、さいばんにかけられることになりました。重《おも》いぜい金《きん》を取《と》り国民《こくみん》を苦《くる》しめたこと、国《くに》をすててにげようとしたばつとして、ルイ十六世《せい》は死刑《しけい》となりました。

マリーも、死刑《しけい》を言《い》いわたされました。二人《ふたり》の子《こ》どもたちにばつがあたえられなかったことだけが、せめてものなぐさめでした。

マリーはすっかりかくごを決《き》めており、泣《な》きくずれたりすることはありませんでした。

「わたくしは、フランスの王妃《おうひ》です。最後《さいご》まで、ほこり高《たか》くふるまわなければ。」

死刑場《しけいじょう》に集《あつ》まったたくさんの見物人《けんぶつにん》の中《なか》、マリーは取《と》りみだすことなく、きぜんとした態度《たいど》で死刑《しけい》になりました。

フランス国民《こくみん》は、ルイ十六世《せい》が王《おう》となるずっと前《まえ》から、王家《おうけ》のやり方《かた》に不満《ふまん》をためていました。そんな時代《じだい》に、政治《せいじ》やお金《かね》の知識《ちしき》がないまま王妃《おうひ》となったマリーは、フランスという国《くに》の運命《うんめい》にまきこまれてしまったといってもよいでしょう。わずか三十七歳《さい》で人生《じんせい》を終《お》えたマリーが、のちに「悲《ひ》げきの王妃《おうひ》」とよばれるようになったのには、深《ふか》い同情《どうじょう》の気持《きも》ちがこめられているのです。

マリー・アントワネット（一七五五〜一七九三年《ねん》）

流行《りゅうこう》のヘアスタイルを生《う》みだす

マリー・アントワネットの時代《じだい》には、貴《き》族《ぞく》の女性《じょせい》たちはまわりがびっくりするようなヘアスタイルを競《きそ》っていました。マリーはせんぞくの美容師《びようし》とデザイナーにたのんで、頭《あたま》の上《うえ》に軍《ぐん》かんをのせたヘアスタイルなど、新《あたら》しいものを次《つぎ》つぎと考《かんが》えました。マリーが新《あたら》しいヘアスタイルでパリに出《で》ると、たちまち話題《わだい》となりました。当時《とうじ》のヘアスタイルは、上《うえ》にもりあげることがはやり、高《たか》さが一メートル近《ちか》くになることもあったそうです。

江戸幕府《えどばくふ》を
ささえた
女性《じょせい》

春日局《かすがのつぼね》

文・粟生こずえ
絵・河伯りょう

今《いま》から四百年《ひゃくねん》ほど昔《むかし》。戦国時代《せんごくじだい》が終《お》わり、徳川家康《とくがわいえやす》が将軍《しょうぐん》になってようやく平和《へいわ》な時代《じだい》がおとずれようとしていたころのことです。一人《ひとり》の女《おんな》の人《ひと》が、京都《きょうと》の町《まち》を歩《ある》いていました。女《おんな》の人《ひと》の名前《なまえ》は、お福《ふく》。のちの春日局《かすがのつぼね》です。

このころは、女《おんな》の人《ひと》が世《よ》の中《なか》でみとめられることは、とてもむずかしい時代《じだい》でした。そうした時代《じだい》に、春日局《かすがのつぼね》は、持《も》ち前《まえ》の頭《あたま》のよさと行動力《こうどうりょく》で、男《おとこ》の人《ひと》に負《ま》けない働《はたら》きをしたのです。

お福《ふく》は、一五七九年《ねん》に生《う》まれました。お福《ふく》のお父《とう》さんは、斎藤利三《さいとうとしみつ》という位《くらい》の高《たか》い武将《ぶしょう》でしたが、お福《ふく》が四歳《さい》のときに、戦《たたか》いに負《ま》けてなくなりました。そのため、お福《ふく》の家《いえ》のくらしは、大変苦《たいへんくる》しくなりました。

十三歳《さい》のときに、三条西家《さんじょうにしけ》という貴《き》族《ぞく》の家《いえ》に住《す》みこみで働《はたら》きはじめました。よく働《はたら》いて、勉強熱心《べんきょうねっしん》だったため、三《さん》条西家《じょうにしけ》の人《ひと》たちは、お福《ふく》に特別《とくべつ》に目《め》をかけてくれました。お福《ふく》は、この家《いえ》ですごした三年《ねん》の間《あいだ》に、お茶《ちゃ》やれいぎ作《さ》法《ほう》、和歌《わか》などたくさんのことを学《まな》んだのです。

十七歳《さい》になったお福《ふく》は、稲葉正成《いなばまさなり》という武将《ぶしょう》と結婚《けっこん》することになりました。お福《ふく》の家《いえ》は、お父《とう》さんが死《し》んでからは、落《お》ちぶれてしまっていたので、お福《ふく》が結婚《けっこん》して力《ちから》のある武将《ぶしょう》の家《いえ》と親《しん》せきになる

ことは、お福《ふく》の家《いえ》やきょうだいたちにとっても、大《おお》きな助《たす》けになるはずでした。

しかし、やがて正成《まさなり》は、武士《ぶし》を続《つづ》けることがいやになってしまい、お福《ふく》と子《こ》どもたちを連《つ》れて、ふるさとの美濃《みの》（今《いま》の岐阜県《ぎふけん》）でひっそりと、くらしはじめました。そうした生活《せいかつ》を送《おく》るうちに、お福《ふく》はしだいにあせりを感《かん》じるようになりました。

「このままでは、稲葉家《いなばけ》がおとろえてしまうのではないか。何《なに》か、わたしにできることをさがしてみよう。」

こうしてお福《ふく》は、ひさしぶりに京都《きょうと》へ出《で》かけたのでした。お福《ふく》が二十六歳《さい》のときです。

歩《ある》いていると、大勢《おおぜい》の人《ひと》だかりがしています。

「何《なに》かあるのかしら。」

近《ちか》づいてみると、立《た》て札《ふだ》の前《まえ》に人《ひと》びとが集《あつ》まっているのでした。

その立《た》て札《ふだ》には、

「このたび徳川家康様《とくがわいえやすさま》に生《う》まれる孫《まご》の乳母《うば》をぼしゅうする。」

と書《か》かれていました。

乳母《うば》とは、母親《ははおや》の代《か》わりに子《こ》どもに乳《ちち》をあたえ、育《そだ》てる役目《やくめ》の人《ひと》です。この時代《じだい》には、身分《みぶん》の高《たか》い女性《じょせい》は、育児《いくじ》を乳母《うば》にまかせることが多《おお》かったのです。

「これこそ、わたしのやりたい仕事《しごと》だわ。」

三条西家《さんじょうにしけ》で身《み》につけたれいぎ作法《さほう》や、知識《ちしき》の深《ふか》さがみとめられ、お福《ふく》は乳母《うば》としてむかえられることになりました。

将軍家《しょうぐんけ》の乳母《うば》になれば、正成《まさなり》をはじめ家族《かぞく》の大《おお》きなうしろだてになり、くらしも楽《らく》になります。しかし、将軍家《しょうぐんけ》で働《はたら》くためには、正《まさ》成《なり》や子《こ》どもたちと別《わか》れて、江戸《えど》（今《いま》の東京都《とうきょうと》）に行《い》かなければなりません。夫《おっと》の正成《まさなり》は、「稲葉家《いなばけ》の力《ちから》になりたい」というお福《ふく》の気持《きも》ちをよくわかってくれました。そこで、自分《じぶん》が子《こ》どもを育《そだ》て、お福《ふく》をこころよく送《おく》りだす決心《けっしん》をしてくれました。

こうして、お福《ふく》は徳川家《とくがわけ》の人《ひと》びとが住《す》む江戸城《えどじょう》へと旅立《たびだ》ちました。

このとき、家康《いえやす》の息子《むすこ》である徳川秀忠《とくがわひでただ》と、つまのお江与《えよ》（江《ごう》）との間《あいだ》に生《う》まれたのは男《おとこ》の子《こ》でした。あとつぎの誕生《たんじょう》に家康《いえやす》もとてもよろこび、竹千代《たけちよ》と名《な》づけました。

「わたしは、未来《みらい》の将軍様《しょうぐんさま》を育《そだ》てることになったのだわ。命《いのち》に代《か》えても、りっぱな子《こ》に育《そだ》ててみせましょう。」

お福《ふく》は、本当《ほんとう》の母親《ははおや》のように、竹《たけ》千代《ちよ》に深《ふか》い愛《あい》を注《そそ》ぎました。

二年後《ねんご》、お江与《えよ》にまた男《おとこ》の子《こ》が生《う》まれ、国松《くにまつ》と名《な》づけられました。ところが、お江与《えよ》は国松《くにまつ》を乳母《うば》にまかせずに、自分《じぶん》で育《そだ》てはじめました。

お福《ふく》は心配《しんぱい》でした。

「お江与様《えよさま》は、国松様《くにまつさま》だけをかわいがるようになるのではないかしら。」

その不安《ふあん》は当《あ》たりました。お江与《えよ》につられるように、秀忠《ひでただ》も国松《くにまつ》ばかりをちやほやするのです。

「次《つぎ》の将軍《しょうぐん》になるのは、弟《おとうと》の国松様《くにまつさま》なのではないか。」

そんなうわさが立《た》つようになりました。

ある日《ひ》、大変《たいへん》な事件《じけん》が起《お》こりました。

竹千代《たけちよ》が、短刀《たんとう》で自分《じぶん》ののどをさそうとしたのです。お福《ふく》は夢中《むちゅう》で竹《たけ》千代《ちよ》にとびつき、短刀《たんとう》を取《と》りあげま

した。

「わしは、じゃま者《もの》なのだ。生《い》きていてもしかたがない。」

両親《りょうしん》に見向《みむ》きもされない竹千代《たけちよ》のさびしさを思《おも》うと、お福《ふく》はむねが苦《くる》しくなりました。

竹千代《たけちよ》をなだめながら、お福《ふく》はある決心《けっしん》をしていました。

「このままには、しておけない。そうだ、大御所様《おおごしょさま》に会《あ》いに行《い》こう。」

そのころ家康《いえやす》は、将軍《しょうぐん》の位《くらい》を秀忠《ひでただ》にゆずり、「大御所《おおごしょ》」として駿府《すんぷ》（今《いま》の静岡市《しずおかし》）に住《す》んでいました。お福《ふく》は家康《いえやす》をたずね、国松《くにまつ》にくらべて竹千代《たけちよ》が軽《かる》く見《み》られていることを話《はな》しました。お福《ふく》は、続《つづ》

けて言《い》いました。

「どちらが将軍《しょうぐん》になるか、まわりの大人《おとな》たちが競争《きょうそう》するようになっては、徳川家《とくがわけ》の中《なか》で争《あらそ》いが起《お》こるかもしれません。」

「なるほど、よく知《し》らせてくれたな、お福《ふく》。」

家康《いえやす》はお福《ふく》に礼《れい》を言《い》い、その後《ご》まもなく江戸城《えどじょう》にやってきました。

そして秀忠《ひでただ》に、

「次《つぎ》の将軍《しょうぐん》となる竹千代《たけちよ》を、大切《たいせつ》に育《そだ》てるように。」

と話《はな》したのです。家康《いえやす》の考《かんが》えは、まわりの人《ひと》たちにとって絶対《ぜったい》に守《まも》らなければいけないことでした。

こうしてお福《ふく》の努力《どりょく》によって、竹千代《たけちよ》は正式《せいしき》なあとつぎとされ、十七歳《さい》のときに竹千代《たけちよ》から「家光《いえみつ》」という大人《おとな》の名前《なまえ》になりました。

その後《ご》、家光《いえみつ》は二十歳《はたち》で三代将軍《さんだいしょうぐん》となりました。たくさんの大名《だいみょう》を前《まえ》に、将軍《しょうぐん》になったあいさつをする家光《いえみつ》のすがたは、すばらしいものでした。

「家光様《いえみつさま》、よくぞりっぱに成長《せいちょう》されました。」

お福《ふく》は、ほこらしい気持《きも》ちで、いっぱいでした。

「お福《ふく》のおかげじゃ。これからもたよりにしているぞ。」

乳母《うば》の役目《やくめ》はもう終《お》わっていましたが、お福《ふく》はいつのまにか江戸《えど》

城《じょう》の中《なか》で、なくてはならない人物《じんぶつ》になっていました。頭《あたま》がよく、行《こう》動力《どうりょく》のあるお福《ふく》は、いろいろな相談《そうだん》を持《も》ちかけられ、たよりにされました。

お福《ふく》は四十八歳《さい》のとき、「大奥《おおおく》」の最高責任者《さいこうせきにんしゃ》になりました。「大《おお》奥《おく》」とは江戸城《えどじょう》にある、将軍《しょうぐん》の奥方《おくがた》（つま）や女中《じょちゅう》などたくさんの女性《じょせい》が住《す》む場所《ばしょ》です。お福《ふく》は、大奥《おおおく》の中《なか》の決《き》まりを作《つく》りました。大《おお》奥《おく》にはおよそ千人《せんにん》もの女性《じょせい》が住《す》んでいたといわれています。生活《せいかつ》がみだれて、何《なに》か問題《もんだい》が起《お》きることのないように、きちんとしたきそくが必要《ひつよう》だと考《かんが》えたためです。

女《おんな》の人《ひと》の地位《ちい》が低《ひく》い時代《じだい》でしたが、お福《ふく》は男《おとこ》の人《ひと》からも能力《のうりょく》をみとめられていました。将軍家《しょうぐんけ》を代表《だいひょう》し、天皇《てんのう》に会《あ》う使《つか》いに選《えら》ばれたこともありました。当時《とうじ》、天皇《てんのう》には身分《みぶん》の高《たか》い人《ひと》しか会《あ》うことができませんでした。お福《ふく》はこのとき、貴族《きぞく》の位《くらい》とともに、「春日局《かすがのつぼね》」という名前《なまえ》をもらいました。

やがて家光《いえみつ》に、待《ま》ちに待《ま》ったあとつぎの男《おとこ》の子《こ》が生《う》まれました。

「もう、これで何《なに》も心配《しんぱい》することは、なくなった。」

春日局《かすがのつぼね》は、幸《しあわ》せな気持《きも》ちでいっぱいでした。

このころから、春日局《かすがのつぼね》は病気《びょうき》でねこむようになりました。これで

自分《じぶん》の仕事《しごと》は終《お》わったとでもいうように、出《だ》された薬《くすり》も飲《の》まずに、とうとう六十五歳《さい》でその一生《いっしょう》を終《お》えました。

春日局《かすがのつぼね》が作《つく》った大奥《おおおく》の仕組《しく》みと決《き》まりは、その後《ご》も守《まも》られつづけ、徳川将軍家《とくがわしょうぐんけ》と江戸幕府《えどばくふ》をささえることになりました。それは、およそ二百《ひゃく》六十年《ねん》続《つづ》いた江戸時代《えどじだい》という、戦《たたか》いのない世《よ》の中《なか》を作《つく》りだすことにも役《やく》に立《た》ったのでした。

春日局《かすがのつぼね》
（一五七九～一六四三年《ねん》）

死《し》ぬまで薬《くすり》を飲《の》まなかった理由《りゆう》

春日局《かすがのつぼね》は病気《びょうき》になっても、決《けっ》して薬《くすり》を飲《の》もうとしませんでした。それは、将軍《しょうぐん》家光《いえみつ》が病気《びょうき》にかかって死《し》にそうになったとき、ある決心《けっしん》をしたからでした。家光《いえみつ》の命《いのち》が助《たす》かったら、これからは一生《いっしょう》、自《じ》分《ぶん》が病気《びょうき》になっても薬《くすり》は飲《の》まないと、ちかったのでした。家光《いえみつ》の病気《びょうき》はなおり、春日局《かすがのつぼね》はそのちかいを守《まも》りました。死《し》ぬ間際《まぎわ》に、薬《くすり》を飲《の》むように家光《いえみつ》に言《い》われても、もらった薬《くすり》をこっそりすててしまうほどでした。

新《あたら》しい日本を
作《つく》ったさむらい

坂《さか》本《もと》龍《りょう》馬《ま》

文・甲斐　望
絵・塚越文雄

「おーい、鼻《はな》たれ龍馬《りょうま》ー、よばりたれー。」

庭先《にわさき》で、子《こ》どもたちの声《こえ》がひびきます。

よばりたれとは、土佐《とさ》の言葉《ことば》で「ねしょうべんたれ」の意味《いみ》。十歳《さい》になっても、おねしょがなおらない龍馬《りょうま》は、いつもみんなにからかわれてばかりの男《おとこ》の子《こ》でした。

坂本龍馬《さかもとりょうま》は江戸時代《えどじだい》の終《お》わり、土佐藩《とさはん》（今《いま》の高知県《こうちけん》）の、低《ひく》い身《み》分《ぶん》の武士《ぶし》の家《いえ》に生《う》まれました。お母《かあ》さんを早《はや》くになくし、弱虫《よわむし》の龍《りょう》馬《ま》のめんどうをみたのは、姉《あね》の乙女《おとめ》でした。

「龍馬《りょうま》、庭《にわ》へ来《き》や。おまんに剣術《けんじゅつ》を教《おし》えちゃお。」

「は、はい。」

乙女《おとめ》は体《からだ》が大《おお》きく、剣道《けんどう》のうで前《まえ》も、男《おとこ》の人《ひと》をやっつけてしまうほどだったのです。

「龍馬《りょうま》、行《い》くぜよ。やあーっ。」

ビシッ。

乙女《おとめ》の竹刀《しない》が体《からだ》に当《あ》たり、龍馬《りょうま》が泣《な》きだします。でも、「まいった」とは言《い》いません。泣《な》き虫《むし》だけれど、たおれても何度《なんど》も立《た》ちあがるのです。

見《み》ていたお父《とう》さんは、言《い》いました。

「どうぜよ、龍馬《りょうま》。剣術道場《けんじゅつどうじょう》へ通《かよ》ってみんか。」

こうして龍馬《りょうま》は、十四歳《さい》で道場《どうじょう》に入門《にゅうもん》。強《つよ》くなるため、一生《いっしょう》けん命《めい》、体《からだ》をきたえました。

道場《どうじょう》に通《かよ》って五年《ねん》。龍馬《りょうま》は、土佐《とさ》でも負《ま》け知《し》らずのうで前《まえ》となっていました。龍馬《りょうま》はさらに修行《しゅぎょう》を積《つ》もうと、十九歳《さい》で、江戸《えど》へと旅《たび》立《だ》ちました。そして、着《つ》いてまもなく、人生《じんせい》を変《か》えてしまうようなできごとに出会《であ》うのです。

それは、アメリカからやってきた黒船《くろふね》、真《ま》っ黒《くろ》い色《いろ》をした軍《ぐん》かんでした。船《ふね》には、たくさんの大《たい》ほうがそなわっていました。

江戸時代《えどじだい》、幕府《ばくふ》は、日本が外国《がいこく》と自由《じゆう》につきあうことを禁止《きんし》していました。そんな日本と取《と》りひき

をしようと、アメリカは力《ちから》でおどしにやってきたのです。結局幕府《けっきょくばくふ》は、アメリカの一方的《いっぽうてき》で不公平《ふこうへい》な要求《ようきゅう》を受《う》けいれます。国中《くにじゅう》の人《ひと》びとから、不満《ふまん》の声《こえ》が出《で》ました。

「外国人《がいこくじん》を追《お》いはらえ。いくさだ。」

けれども、龍馬《りょうま》は、こう考《かんが》えていたのです。

「日本は、外国《がいこく》をきらうだけでええがじゃろうか。アメリカは、なぜ大《おお》きな船《ふね》を持《も》てたがじゃろうか。」

土佐《とさ》にもどると、龍馬《りょうま》は、アメリカについてくわしいという河田《かわだ》小竜先生《しょうりょうせんせい》をたずねました。

先生《せんせい》は、龍馬《りょうま》にこう話《はな》しました。

「アメリカは、身分《みぶん》の高《たか》い低《ひく》いにかかわらず、だれにでも日本でいうところの『将軍《しょうぐん》』になれるチャンスがある。また、『会社《かいしゃ》』というものがあり、かせいだお金《かね》は、働《はたら》く人《ひと》がみんなで分《わ》けあう。外国《がいこく》とも取《と》りひきをして、お金《かね》をもうけているのだよ。」

それを聞《き》いて、龍馬《りょうま》はおどろきました。

「ほんまですか、先生《せんせい》。そがぁな国《くに》と戦《たたこ》うたら、今《いま》、日本が勝《か》てるわけないじゃいか。・・・いくさらぁ言《い》いよらんと、日本を強《つよ》い国《くに》にせにゃあいかん。」

龍馬《りょうま》は、けんかが大《だい》きらいでした。ところが見《み》わたせば、土佐《とさ》では武士《ぶし》が、身分《みぶん》の高《たか》い低《ひく》いでぶつかりあい、全国《ぜんこく》では、幕府《ばくふ》に反対《はんたい》する者《もの》と、幕府側《ばくふがわ》の者《もの》とが争《あらそ》い、毎日《まいにち》たくさんの人《ひと》が命《いのち》を落《お》としていたのです。

「わしは剣術《けんじゅつ》を学《まな》びよるだけでええんじゃろうか。」

龍馬《りょうま》は、何年《なんねん》も考《かんが》えつづけました。けれども土佐藩《とさはん》の武士《ぶし》である以上《いじょう》、勝手《かって》な行動《こうどう》はできません。龍馬《りょうま》は、それがとてもきゅうくつでした。そこで、決心《けっしん》したのです。

「わしは、土佐藩《とさはん》をはなれる。脱藩《だっぱん》じゃ。」

二十八歳《さい》のことでした。脱藩《だっぱん》は武士《ぶし》にとって、重《おも》い罪《つみ》です。命《いのち》を

ねらわれるかもしれません。それでも決心《けっしん》は変《か》わりませんでした。

「新《あたら》しい日本を作《つく》るぜよ！」

龍馬《りょうま》がまっさきに会《あ》いに行《い》ったのは、幕府《ばくふ》の役人《やくにん》・勝海舟《かつかいしゅう》でした。

勝海舟《かつかいしゅう》は、日本初《はつ》の、軍《ぐん》かんでアメリカに行《い》った人物《じんぶつ》です。

「勝先生《かつせんせい》、おききしたいのです。いくさをせずに、日本を強《つよ》く平和《へいわ》な国《くに》にするには、どうしたらいいのでしょうか。」

海舟《かいしゅう》は最初《さいしょ》、とつぜんやってきた龍馬《りょうま》を自分《じぶん》をころしにやってきた者《もの》とうたがっていました。しかし、龍馬《りょうま》の人《ひと》なつこい顔《かお》を見《み》ていると、なぜか心《こころ》が温《あたた》かくなるのです。龍馬《りょうま》には、ふしぎなみりょくがありました。海舟《かいしゅう》の顔《かお》が、やわらかくなりました。

「おもしろいやつだ。まあ、あがれ。」

そして、語《かた》りはじめたのです。

「日本は島国《しまぐに》だ。まず海軍《かいぐん》を作《つく》って、国《くに》を守《まも》らなければならねえ。わかいやつらに船《ふね》のそうじゅうを覚《おぼ》えてもらうんだ。そして、外国《がいこく》と商売《しょうばい》もし、外国《がいこく》のいいところをどんどん取《と》りいれる。どうだ龍馬《りょうま》、やってみるか。」

「はい、先生《せんせい》！　わしを弟子《でし》にしてくだされ。」

勝海舟《かつかいしゅう》を先頭《せんとう》に、龍馬《りょうま》たちわかものによる船《ふね》のくんれんが始《はじ》まりました。ところが、わずか一年《ねん》で幕府《ばくふ》に中止《ちゅうし》にされてしまいました。

龍馬《りょうま》たちの活動《かつどう》は、幕府《ばくふ》をたおすくんれんだと思《おも》われたのです。

「幕府《ばくふ》の考《かんが》えは古《ふる》すぎる。新《あたら》しい考《かんが》え方《かた》を取《と》りいれなければ……。」

当時《とうじ》、龍馬《りょうま》と同《おな》じ考《かんが》えをもち、新《あたら》しい国《くに》を作《つく》ろうと考《かんが》える大《おお》きな藩《はん》が、二つありました。長州藩《ちょうしゅうはん》（今《いま》の山口県《やまぐちけん》）と薩摩藩《さつまはん》（今《いま》の鹿児《かご》島県《しまけん》）です。しかし、二つの藩《はん》は、これまでも争《あらそ》いがたえず、おたがいににくみあっていたのです。

「これではいけない。」――龍馬《りょうま》は思《おも》いました。

「まずは、長州《ちょうしゅう》と薩摩《さつま》を仲直《なかなお》りさせる。そして、大《おお》きな集団《しゅうだん》を作《つく》り、いくさをせずに血《ち》を流《なが》すこともなしに、幕府《ばくふ》をたおすんじゃ。」

龍馬《りょうま》は、仲間《なかま》と船《ふね》に乗《の》り、「海援隊《かいえんたい》」という船《ふね》の運送会社《うんそうがいしゃ》を作《つく》りました。そして、長州《ちょうしゅう》と薩摩《さつま》の間《あいだ》に立《た》ち、物《もの》の取《と》りひきをさせ、おたがいが助《たす》けあってもうかる仕組《しく》みを作《つく》ったのです。

これをきっかけに龍馬《りょうま》は、二つの藩《はん》のリーダーに何度《なんど》も会《あ》い、仲《なか》直《なお》りの説得《せっとく》を続《つづ》けました。

長州《ちょうしゅう》の実力者《じつりょくしゃ》・桂小五郎《かつらこごろう》（のちの木戸孝允《きどたかよし》）は、言《い》いました。

「わたしたちは薩摩《さつま》に、多《おお》くの仲間《なかま》をころされました。どうして仲《なか》直《なお》りができましょう。」

一方《いっぽう》、薩摩《さつま》の実力者《じつりょくしゃ》・西郷隆盛《さいごうたかもり》は、龍馬《りょうま》の考《かんが》えに賛成《さんせい》でしたが、こう考《かんが》えていました。

「長州《ちょうしゅう》から頭《あたま》を下《さ》げてくるなら、ゆるそう。」

すると龍馬《りょうま》は、西郷《さいごう》をどなりつけたのです。

「何言《なにい》うがぞ。日本が心《こころ》を一つにすべきときに、つまらん意地《いじ》らぁくそくらえじゃ。」

龍馬《りょうま》のいかりが――西郷《さいごう》にひびきました。

「おいどんがまちがってごわした。龍馬《りょうま》さん。桂《かつら》さんに直接《ちょくせつ》会《あ》って、あやまりましょう。」

こうして、長州《ちょうしゅう》と薩摩《さつま》はついに手《て》を結《むす》びました。大《おお》きな力《ちから》を味方《みかた》につけた龍馬《りょうま》は、今度《こんど》は新《あたら》しい平《へい》和《わ》な国《くに》を作《つく》るための決《き》まりを考《かんが》え、幕府《ばくふ》の将軍《しょうぐん》につきつけました。

〈国《くに》の政治《せいじ》のけんりを幕府《ばくふ》から天皇《てんのう》に返《かえ》すこと〉〈議会《ぎかい》を作《つく》り、話《はな》しあいで決《き》めること〉など、八つの決《き》まりです。

十五代《だい》将軍《しょうぐん》徳川慶喜《とくがわよしのぶ》は、これを読《よ》み、静《しず》かにうなずくと、こう言《い》いました。

「わたしの決心《けっしん》で、日本が平和《へいわ》になるのなら……。」

こうして幕府《ばくふ》は、二百《ひゃく》六十年《ねん》のれきしに幕《まく》をとじたのです。龍馬《りょうま》三十三歳《さい》――ついに日本に、新政府《しんせいふ》が誕生《たんじょう》しました。

「これが、あんたの考《かんが》えた新《あたら》しい役人《やくにん》のめいぼか。」

西郷隆盛《さいごうたかもり》は、龍馬《りょうま》が考《かんが》えた新政府《しんせいふ》メンバーを見《み》ておどろきました。

「龍馬《りょうま》さん。あんたの名前《なまえ》がないじゃないか。」

すると、龍馬《りょうま》は笑《わら》って答《こた》えたのです。

「わしはもっと、世界《せかい》を知《し》りたい。海《うみ》に出《で》て、世界一《せかいいち》の船会社《ふながいしゃ》を作《つく》るぜよ！」

ところが——ゆめを実現《じつげん》するまもなく、龍馬《りょうま》はこの世《よ》を去《さ》りました。龍馬《りょうま》の行動力《こうどうりょく》をおそれた何者《なにもの》かによって、ころされたのです。

三十三年《ねん》の人生《じんせい》を、風《かぜ》のようにかけぬけた坂本龍馬《さかもとりょうま》。日本を動《うご》かしたのは、弱虫《よわむし》だった男《おとこ》の子《こ》のいちずな思《おも》いと、勇気《ゆうき》だったのです。

坂本龍馬《さかもとりょうま》
（一八三五～一八六七年《ねん》）

日本で最初《さいしょ》の新婚旅行《しんこんりょこう》

京都《きょうと》の寺田屋《てらだや》という宿《やど》で、反対派《はんたいは》の人《ひと》びとにおそわれてけがをした龍馬《りょうま》は、薩《さつ》摩《ま》の西郷隆盛《さいごうたかもり》のすすめで、けがのりょうようをかねて鹿児島県《かごしまけん》の温泉《おんせん》に行《い》きました。

このとき、結婚《けっこん》したばかりの奥《おく》さんのお龍《りょう》を連《つ》れていきました。二人《ふたり》で温泉《おんせん》に入《はい》ったり、霧島山《きりしまやま》に登《のぼ》ってカステラを食《た》べたりして、楽《たの》しく時間《じかん》をすごしたそうです。そして、これが日本で最初《さいしょ》の新婚《しんこん》旅行《りょこう》だといわれています。

宇宙《うちゅう》からにじまで、
さまざまな法則《ほうそく》を
発見《はっけん》した
天才《てんさい》科学者《かがくしゃ》

ニュートン

文・入澤宣幸
絵・小野正統

りんごの木《き》の下《した》で、一人《ひとり》の青年《せいねん》が本《ほん》を読《よ》んでいました。すると、青年《せいねん》のひざの上《うえ》へ、赤《あか》いりんごが一つ落《お》ちてきました。青年《せいねん》は本《ほん》を置《お》き、りんごを拾《ひろ》いました。

(なぜりんごが落《お》ちたのか。それは地球《ちきゅう》にりんごを引《ひ》っぱる力《ちから》があるからだ。)

りんごを見《み》つめた青年《せいねん》のひとみが、光《ひか》りました。

(もし、このりんごが、月《つき》くらい高《たか》いところにあったとしたら、それでも落《お》ちてくるのだろうか……。)

シャクッ。青年《せいねん》はりんごをかじりました。頭《あたま》には、次《つぎ》つぎ疑問《ぎもん》がうかんできました。

(りんごには、引《ひ》っぱる力《ちから》はないのかな。)

青年《せいねん》は、うかんだ疑問《ぎもん》をもとに、考《かんが》えを、深《ふか》く広《ひろ》くおしすすめていきました。

そしてついに、「うちゅうのすべての物《もの》は、おたがいに引《ひ》っぱりあっている」という決《き》まりを見《み》つけました。

大科学者《だいかがくしゃ》、アイザック・ニュートンが「万有引力《ばんゆういんりょく》の法則《ほうそく》」を発見《はっけん》したときの話《はなし》です。

ニュートンは、一六四三年《ねん》、

イギリスのウールズソープという村《むら》の農家《のうか》に生《う》まれました。一リットルの牛《ぎゅう》にゅうパックにすっぽり入《はい》りそうな、小《ちい》さくて弱《よわ》よわしい赤《あか》ちゃんでした。

お父《とう》さんは、ニュートンが生《う》まれる三か月前《げつまえ》に病気《びょうき》で死《し》に、お母《かあ》さんは別《べつ》の人《ひと》と結婚《けっこん》して家《いえ》を出《で》たので、ニュートンは、三歳《さい》から、おばあさんと二人《ふたり》きりの生活《せいかつ》を送《おく》ってきました。

ニュートンは、内気《うちき》な子《こ》どもでした。よくいじめられ、「泣《な》き虫《むし》ニュートン」とよばれました。小学校《しょうがっこう》に入《はい》っても友《とも》だちは少《すく》なく、成績《せいせき》も決《けっ》してよくありませんでした。

ニュートンは、いつも一人《ひとり》で工作《こうさく》をして遊《あそ》んでいました。おばあさんからの小《こ》づかいは、のこぎりや、金《かな》づち、のみなどを買《か》うことに使《つか》いました。
「アイザックや、今度《こんど》は何《なに》を作《つく》ったんだい。」
「日時計《ひどけい》さ。見《み》てよ。かげの動《うご》きで
時《じ》こくがわかるんだよ。
次《つぎ》は風車《ふうしゃ》のもけいを作《つく》るよ。」
どれもおどろくばかりの
できばえでした。

ある日《ひ》、ニュートンが自作《じさく》の水車《すいしゃ》を小川《おがわ》で動《うご》かしていたときのこと。いじめっ子《こ》たちがやってきて、水車《すいしゃ》をけとばしてこわしてしまいました。このときばかりは、気《き》の弱《よわ》いニュートンも、いじめっ子《こ》になぐりかかりました。生《う》まれて初《はじ》めてのけんかです。不《ふ》意《い》をくらったいじめっ子《こ》は、ニュートンにやられてにげて

いきました。

ニュートンは、自分《じぶん》にこんなに力《ちから》があったのかと、びっくりしました。自信《じしん》をもったニュートンは、勉強《べんきょう》もがんばってみようという気持《きも》ちになりました。すると、成績《せいせき》はぐんぐん上《あ》がり、クラスで一番《いちばん》になりました。ニュートンをいじめる子《こ》は、いつのまにかいなくなっていました。

結婚相手《けっこんあいて》が死《し》んだため家《いえ》へもどってきていたお母《かあ》さんは、ニュートンが十五歳《さい》のころ、そろそろニュートンに農家《のうか》をついでほしいと思《おも》っていました。

しかしニュートンは、羊《ひつじ》の世話《せわ》を言《い》いつかっても、羊《ひつじ》そっちのけで本《ほん》を読《よ》んでいるような少年《しょうねん》でした。

農業《のうぎょう》よりも勉強《べんきょう》のほうが好《す》きなニュートンは、その後《ご》、親《しん》せきのすすめもあり、名門《めいもん》ケンブリッジ大学《だいがく》に入学《にゅうがく》しました。お母《かあ》さんは、ニュートンに早《はや》く大学《だいがく》をやめて実家《じっか》にもどってほしいと思《おも》ったのか、一人《ひとり》ぐらしをしているニュートンに、毎月少《まいつきすこ》ししかお金《かね》を送《おく》りませんでした。しかし、ニュートンは、大学《だいがく》からお金《かね》の助《たす》けをもらってがんばりました。そして、すばらしい成績《せいせき》をとりました。

ニュートンは、数学《すうがく》の本《ほん》を、昔《むかし》のものから順《じゅん》に読《よ》み、すべてを理《り》解《かい》しました。これまでの数学者《すうがくしゃ》のまちがいも、見《み》つけました。それほど、ゆうしゅうだったのです。

（でも、まちがいだと発表《はっぴょう》したら、ほかの先生《せんせい》たちから反論《はんろん》されるかもしれない。ぼくは言《い》いあらそいはしたくない……。）

そう思《おも》ったニュートンは、だまって自分《じぶん》の研究《けんきゅう》を続《つづ》けました。

ニュートンが二十三歳《さい》のとき、都会《とかい》でペストという病気《びょうき》が大流行《だいりゅうこう》して、多《おお》くの死者《ししゃ》が出《で》ました。大学《だいがく》が休《やす》みになったため、ニュートンはひさしぶりに、りんごの木《き》のある、生《う》まれた家《いえ》へ帰《かえ》ってきました。

さすがに、お母《かあ》さんはもう何《なに》も言《い》わなかったので、ニュートンは思《おも》うぞんぶん研究《けんきゅう》に集中《しゅうちゅう》できました。万有引力《ばんゆういんりょく》の法則《ほうそく》を発見《はっけん》したのも、このときです。

万有引力《ばんゆういんりょく》ばかりではありません。光《ひかり》について、

色《いろ》について、物《もの》の飛《と》び方《かた》、はね返《かえ》り方《かた》、液体《えきたい》の流《なが》れ方《かた》から、海《うみ》のしおの満《み》ち引《ひ》きまでも……、今《いま》、中《ちゅう》学校《がっこう》以上《いじょう》の理科《りか》で学《まな》ぶことの多《おお》くは、実《じつ》はニュートンがこのころ発見《はっけん》したことなのです。にじができる理由《りゆう》、夕焼《ゆうや》けが赤《あか》い理由《りゆう》も、光《ひかり》の研究《けんきゅう》によってわかりました。

ニュートンは、一年半《ねんはん》をふるさとですごし、ペストのおさまったケンブリッジへもどりました。しかし、ふるさとで発見《はっけん》した内容《ないよう》はだれにも言《い》いませんでした。万有引力《ばんゆういんりょく》について書《か》きとめたノートもしまいこんでしまいました。

ニュートンは、考《かんが》えを発表《はっぴょう》してみんなと意見《いけん》を出《だ》しあうことが、好《す》きではなかったのです。

ところが、次《つぎ》の年《とし》、ある数学《すうがく》の計算法《けいさんほう》を発表《はっぴょう》して有名《ゆうめい》になった学《がく》者《しゃ》がいました。その計算法《けいさんほう》は、ニュートンがすでに気《き》づいていたものでした。

(やはり考《かんが》えたことは発表《はっぴょう》しないと、別《べつ》の人《ひと》の手《て》がらになってしまうのか……。)

そう思《おも》ったニュートンは、おそるおそる数学《すうがく》の論文《ろんぶん》をまとめ、他《ほか》の数学者《すうがくしゃ》に見《み》せました。すると、心配《しんぱい》していた反論《はんろん》はないばかりか、大好評《だいこうひょう》でした。そしてニュートンは、二十六歳《さい》のわかさで大学教授《だいがくきょうじゅ》になりました。

ニュートンは、学生《がくせい》を教《おし》えながらも自分《じぶん》の研究《けんきゅう》に打《う》ちこみました。ニュートンの集中力《しゅうちゅうりょく》はすさまじいものがありました。時《とき》と場所《ばしょ》を選《えら》ばず考《かんが》え事《ごと》を始《はじ》めると、一人《ひとり》だけ別《べつ》の世界《せかい》へ入《はい》りこんだようになり、まわりの人《ひと》のよびかけも、まったく聞《き》こえなくなったといいます。ゆでたまごを作《つく》るつもりが、とちゅうで別《べつ》のことを考《かんが》えはじめてしまい、いつのまにか時計《とけい》をぐつぐつにていて気《き》づかなかった、という話《はなし》も残《のこ》されています。

時《とき》がすぎ、ニュートンが四十二歳《さい》になったある日《ひ》のこと。※ハレーというわかい天文学者《てんもんがくしゃ》が、ニュートンをたずねてきました。

「ニュートン先生《せんせい》。先生《せんせい》は、地球《ちきゅう》や火星《かせい》などの、わく星《せい》が、太陽《たいよう》のまわりをどんな道《みち》すじで回《まわ》っているとお考《かんが》えですか。」

※ハレー……エドモンド・ハレー（1656～1742年《ねん》）。のちに「ハレーすい星《せい》」の動《うご》きを計算《けいさん》したイギリスの天文学者《てんもんがくしゃ》、地球物理学者《ちきゅうぶつりがくしゃ》、数学者《すうがくしゃ》。

「少《すこ》しゆがんだ円《えん》、つまりだ円《えん》だよ。計算《けいさん》すると、だ円《えん》になるからね。」

ニュートンは、すぐに答《こた》えました。

「えっ。わく星《せい》の動《うご》きが計《けい》算《さん》できるのですか。」

ハレーは目《め》を丸《まる》くしました。ニュートンは、思《おも》わずにっこりして、二十年近《ねんちか》く前《まえ》に思《おも》いついていた計算法《けいさんほう》

をハレーに話《はな》してあげました。

ハレーは、感動《かんどう》で目《め》をうるませて言《い》いました。

「先生《せんせい》は、すごすぎます。こんなすごい発見《はっけん》をしていながら、なぜ発表《はっぴょう》しないのですか。ぜひ本《ほん》にしてください。お願《ねが》いします。」

人《ひと》づきあいの苦手《にがて》だったニュートンも、素直《すなお》なハレーには、心《こころ》を開《ひら》きました。

ニュートンはこのときすでに、万有引力《ばんゆういんりょく》の法則《ほうそく》をはじめ、今《いま》までの発見《はっけん》を、すべて数学《すうがく》の式《しき》として整《ととの》えおえていました。

科学《かがく》を数学《すうがく》で書《か》きあらわしたことが、ほかの学者《がくしゃ》にまねのできない、すばらしいところでした。

もうだれからも反論《はんろん》されない自信《じしん》もありました。ニュートンは、ハレーの手《て》も借《か》りながら、研究《けんきゅう》の成果《せいか》を『プリンキピア』という三かんの本《ほん》にまとめました。『プリンキピア』は、発売《はつばい》されるとすぐに、もっともすぐれた科学《かがく》の本《ほん》として有名《ゆうめい》になり、世界中《せかいじゅう》の科学者《かがくしゃ》の手助《てだす》けとなりました。

だれもがみとめる大科学者《だいかがくしゃ》となったニュートンですが、次《つぎ》のような言葉《ことば》を残《のこ》しました。

「わたしは、たしかにいろいろ発見《はっけん》をしたかもしれませんが、それはこれまでの科学者《かがくしゃ》たちの研究《けんきゅう》があったおかげです。子《こ》どもが海《うみ》辺《べ》できれいな貝《かい》がらを拾《ひろ》ってよろこぶように、わたしは、科学《かがく》の

小《ちい》さなかけらを拾《ひろ》ったにすぎません。これから見《み》つけなければならない科学《かがく》の真理《しんり》は、まるで海《うみ》にかくされたたからのように、まだまだ知《し》られずに残《のこ》されているのです。」

これから先《さき》の数多《かずおお》くの発見《はっけん》はまかせたぞ、と、ニュートンは、のちに続《つづ》くわたしたちを、はげましてくれているのです。

アイザック・ニュートン
（一六四三〜一七二七年《ねん》）

無口《むくち》なニュートン

いろいろな発見《はっけん》をしてすっかり有名《ゆうめい》になったニュートンは、のちにイギリスの国会議員《こっかいぎいん》にも二度選《どえら》ばれました。しかし、子《こ》どものころからの無口《むくち》なせいかくは変《か》わることはなく、一度目《どめ》の一年間《ねんかん》のうち、議会《ぎかい》での発言《はつげん》は「議長《ぎちょう》、寒《さむ》いので守衛《しゅえい》にまどをしめさせてほしい」という一言《ひとこと》だけだったといわれています。その後《ご》も造《ぞう》幣局長官《へいきょくちょうかん》や天文台《てんもんだい》の監察委員会会長《かんさついいんかいかいちょう》などをつとめ、八十四歳《さい》でなくなりました。

戦《たたか》わず、したがわず、
インドを
独立《どくりつ》にみちびいた

ガンジー

文・沢辺有司
絵・山本祐司

ガンジーは、今《いま》から百《ひゃく》五十年《ねん》ほど前《まえ》のインドに生《う》まれました。

そのころのインドは、イギリスに支配《しはい》されていました。イギリスは「日《ひ》のしずむことのない国《くに》」といわれて、当時《とうじ》は世界《せかい》でもっとも産業《さんぎょう》が発達《はったつ》し、力《ちから》も強《つよ》く、世界中《せかいじゅう》にイギリスが支配《しはい》する土地《とち》がありました。そして、イギリスは支配《しはい》するインドの人《ひと》びとをしめつけて、したがわせていました。もししたがわなければ、刑務所《けいむしょ》に入《い》れられたり、ときには、ころされてしまうこともありました。

そんなインドをすくうために立《た》ちあがったのが、ガンジーです。

少年《しょうねん》のころのガンジーは、とてもまじめで、学校《がっこう》から帰《かえ》ると、病《びょう》気《き》がちだったお父《とう》さんのめんどうをみる心《こころ》やさしい子《こ》でした。でも、気《き》が弱《よわ》く、はずかしがりや……。

あるとき、友《とも》だちが言《い》います。

「肉《にく》を食《た》べれば、強《つよ》くなるよ。」

ガンジーたち、ヒンドゥー教《きょう》の人《ひと》たちは、肉《にく》を食《た》べてはいけない決《き》まりになっていましたが、

「そうか、肉《にく》を食《た》べれば、気《き》が弱《よわ》いのもなおるかも……。」

ガンジーは、かくれて肉《にく》を食《た》べてしまいました。調子《ちょうし》に乗《の》って、タバコをすったり、お金《かね》をぬすんだりしたこともありました。

（こんなことしちゃだめだ。）

すぐに反省《はんせい》してやめましたが、それでも、お父《とう》さんやお母《かあ》さんに

ウソをついていると思《おも》うと、心《こころ》がいたみました。

たえられなくなったガンジーは、自分《じぶん》がおかしてしまったあやまちを一まいの紙《かみ》に書《か》いて、ふるえる手《て》でお父《とう》さんにわたしました。

病気《びょうき》のお父《とう》さんは、けわしい顔《かお》でそれを読《よ》みます。

（しかられる！）

そう思《おも》ったときです。お父《とう》さんはだまって紙《かみ》をやぶりました。

顔《かお》をのぞくと、かたくつぶった目《め》から、たくさんのなみだがあふれていました。ガンジーは、そのなみだが、すべてのあやまちをあらいなが

してくれているような気《き》がして、自分《じぶん》も声《こえ》をあげて泣《な》きました。

ゆるしてもらったと感《かん》じたガンジーは、心《こころ》に決《き》めました。

（もう、絶対《ぜったい》にあやまちはおかさない……。）

ガンジーは、そのときに大事《だいじ》なことを学《まな》びました。

（人間《にんげん》はだれでもあやまちをおかす。しかったり、暴力《ぼうりょく》でそのあやまちをやめさせることはできる。でも、相手《あいて》をゆるすことで、本《ほん》人《にん》が心《こころ》から反省《はんせい》すれば、同《おな》じあやまちをくりかえさなくなるんだ。）

この考《かんが》えは、暴力《ぼうりょく》を使《つか》わないで平和《へいわ》を実現《じつげん》しようとする、のちのガンジーの運動《うんどう》につながっていきます。

それからしばらくして、お父《とう》さんはなくなりました。

高校《こうこう》を出《で》たガンジーは、イギリスにわたって勉強《べんきょう》し、四年後《ねんご》、インドで弁護士《べんごし》として新《あら》たな一歩《いっぽ》をふみだしました。

ところが、初《はじ》めて法《ほう》ていに立《た》ったときのことです。

「ええと……。」

びくびくふるえるガンジーは、声《こえ》が出《で》ません。気《き》が弱《よわ》いのはあいかわらずで、すっかり落《お》ちこんでしまいました。

そんなとき、ガンジーにお金持《かねも》ちのインド人商人《じんしょうにん》から、「南《みなみ》アフリカで商売《しょうばい》の代理人《だいりにん》として弁護士《べんごし》の仕事《しごと》をしてくれないか」という話《はなし》がまいこんできました。そこはまったく知《し》らない国《くに》でしたが、（自分《じぶん》を変《か》えるいいチャンスだ）と思《おも》ったガンジーは、南《みなみ》アフリカ行《い》きの船《ふね》に飛《と》びのりました。

その時代《じだい》、南《みなみ》アフリカは、イギリス人《じん》たち白人《はくじん》が国《くに》を支配《しはい》し、数《かず》の上《うえ》では白人《はくじん》よりもはるかに多《おお》いアフリカ人《じん》（黒人《こくじん》）を、はだの色《いろ》がちがうというだけで差別《さべつ》していました。

また、インド人《じん》もたくさんいましたが、みんな差別《さべつ》されていました。インド人《じん》たちは、白人《はくじん》もアフリカ人《じん》もしたがらないような、つらくていやな仕事《しごと》をするために連《つ》れてこられていました。

こうしたインド人《じん》たちは、みんなまずしくひどいくらしをしていましたが、中《なか》にはほんのわずかですが、仕事《しごと》に成功《せいこう》して白人《はくじん》と競争《きょうそう》できるほどの人《ひと》が出《で》てきました。

すると、インド人《じん》はさらににくまれ、おそれられ、差別《さべつ》されるようになっていきました。

ガンジーが南《みなみ》アフリカにやってきてまもなくの、ある日《ひ》のことです。ガンジーは、列車《れっしゃ》のいちばんいい席《せき》にすわっていました。かれを見《み》た白人《はくじん》がおこって、駅員《えきいん》と警察官《けいさつかん》をよびました。

「ここはインド人《じん》はだめだ。出《で》ていけ。」

インド人《じん》は、いい席《せき》にすわってはいけないことになっていたのです。気《き》づいたときには、ガンジーは荷物《にもつ》といっしょに駅《えき》に放《ほう》りだされていました。

(なんでインド人《じん》というだけで、差別《さべつ》されるのか……。)

今《いま》まで感《かん》じたことのない、いかりがこみあげてきました。

もう気《き》が弱《よわ》いガンジーはいません。かれは、インド人《じん》たちからたくさんの署名《しょめい》を集《あつ》め、南《みなみ》アフリカを支配《しはい》するイギリス人《じん》に対《たい》して、差別的《さべつてき》な決《き》まりをやめるように、うったえはじめたのです。

ところが、差別《さべつ》はなくなるどころか、インド人《じん》をもっと差別《さべつ》する決《き》まりが作《つく》られました。インド人《じん》は、まるで悪《わる》いことをした人《ひと》かのように「名前《なまえ》や身分《みぶん》を警察《けいさつ》にとどけること」とされ、また「キリスト教《きょう》以外《いがい》の宗教《しゅうきょう》による結婚《けっこん》はみとめない」とされたのです。

（ひどい……。でも、どうやってこの決《き》まりをやめさせることができるんだろう。）

ガンジーは、お父《とう》さんのことを思《おも》いだしました。

「暴力《ぼうりょく》でうったえてもだめだ（非暴力《ひぼうりょく》）。イギリス人《じん》たちが自分《じぶん》たちで自分《じぶん》たちのあやまちに気《き》づかないと。でも、どうする……。そうだ！　決《き》まりにしたがわないことで（不服従《ふふくじゅう》）、その決《き》まりがまちがっていることをうったえよう！」

「非暴力《ひぼうりょく》・不服従運動《ふふくじゅううんどう》」の始《はじ》まりです。

決《き》まりにしたがわなかったので、ガンジーたちは、刑務所《けいむしょ》に入《い》れられました。刑務所《けいむしょ》では、ろくに食《た》べ物《もの》もあたえられなかったので、死《し》んでしまう人《ひと》もいました。それでも運動《うんどう》は続《つづ》けられました。

やがて、ガンジーたちのがんばりに心《こころ》を打《う》たれ、たくさんのインド人労働者《じんろうどうしゃ》が、仕事《しごと》を放《ほう》りなげて、集《あつ》まってきました。その数《かず》は五千人以上《せんにんいじょう》。刑務所《けいむしょ》を出《で》たガンジーは、かれらといっしょに大行進《だいこうしん》をして、差別《さべつ》をやめるようにうったえました。するとイギリス人《じん》は、かれらを炭鉱《たんこう》に連《つ》れていき、働《はたら》かせようとしました。でも、労働者《ろうどうしゃ》たちは働《はたら》きません。また、暴力《ぼうりょく》をふるうわけでもありませんでした。

白人《はくじん》たちは、こう考《かんが》えました。

「暴力《ぼうりょく》を使《つか》ってくれれば、暴力《ぼうりょく》でおさえつけることができる。でも、決《き》まりにもしたがわない、働《はたら》きもしない『不服従《ふふくじゅう》』に対《たい》しては、これ以上何《いじょうなに》もできない。」

ついに、インド人《じん》を差別《さべつ》する決《き》まりをやめることにしました。インド人《じん》たちが、ふつうに生活《せいかつ》できる日《ひ》がおとずれたのです。

これでほっとしたガンジーは、インドへもどりました。

インドでも、イギリス人《じん》のきびしい決《き》まりに暴力《ぼうりょく》で反対《はんたい》するインド人《じん》たちが、たくさんころされる事件《じけん》が起《お》きていました。

（暴力《ぼうりょく》は暴力《ぼうりょく》を生《う》むだけだ。暴力《ぼうりょく》を使《つか》わないでインドを独立《どくりつ》させるには、どうしたらいいんだ……。）

そこでガンジーは、人《ひと》びとに「非協力運動《ひきょうりょくうんどう》」をよびかけました。

「イギリスのためになることは、やめよう！　イギリス人《じん》が作《つく》った服《ふく》を買《か》えば、イギリスがもうかり、イギリスのためになる。これをやめれば、イギリスがこまる。イギリスの服《ふく》を買《か》う代《か》わりに、自分《じぶん》たちで服《ふく》を作《つく》るのです。」

ガンジーは人《ひと》びとに、インドでとれためんから、糸車《いとぐるま》を回《まわ》して糸《いと》をつむぎ、ぬのをおり、服《ふく》を作《つく》ることをすすめました。

ガンジーの非協力運動《ひきょうりょくうんどう》は、インド全土《ぜんど》に広《ひろ》まり、いたるところで糸車《いとぐるま》を回《まわ》す音《おと》が聞《き》こえるようになりました。

また、ガンジーはこうよびかけました。

「塩《しお》を買《か》うのをやめよう。塩《しお》は、イギリス人《じん》しか作《つく》ったり売《う》ったりしてはいけないことになっている。塩《しお》を買《か》うと、イギリスがもうかる。塩《しお》を買《か》わなければ、イギリスはこまるはずだ。」

そして、ガンジーは海《うみ》を目指《めざ》しました。三百《びゃく》八十キロものきょりを、二十四日間《かかん》かけて歩《ある》きました。はじめは八十人《にん》ほどだった行進《こうしん》は、みるみるうちにふくれあがり、数千人《すうせんにん》もの長《なが》い列《れつ》ができました。これは、のちに「塩《しお》の行進《こうしん》」とよばれて、有名《ゆうめい》になりました。海辺《うみべ》に着《つ》くと、ガンジーは静《しず》かに、海水《かいすい》からできたひとにぎりの塩《しお》をすくいとりました。イギリス人《じん》しか塩《しお》を作《つく》ってはいけないことになっていますから、塩《しお》をすくいとることは、イギリスの決《き》まりをやぶるものでした。ガンジーはあえて決《き》まりをやぶることで、「イギリスの言《い》いなりにはならない」という強《つよ》い決意《けつい》を表《あらわ》したのです。

ガンジーから勇気《ゆうき》をえた人《ひと》びとは立《た》ちあがりました。

「非暴力《ひぼうりょく》・不服従《ふふくじゅう》」というガンジーの教《おし》えを守《まも》り、だれも武器《ぶき》は持《も》っていません。イギリスの軍隊《ぐんたい》にけられてもたたかれても、だれも暴力《ぼうりょく》でていこうしません。

その行進《こうしん》の様子《ようす》が世界《せかい》の人《ひと》びとに知《し》れわたると、イギリスをせめる声《こえ》が高《たか》まりました。そしてついに、イギリスは、インドの今後《こんご》に

ついてガンジーと話《はな》しあう場《ば》を作《つく》ることにしました。これがきっかけとなり、一九四七年《ねん》、インドは独立《どくりつ》を果《は》たしたのです。
次《つぎ》の年《とし》、ガンジーはなくなりました。
暴力《ぼうりょく》を使《つか》わずにインドを独立《どくりつ》にみちびいた偉大《いだい》な人物《じんぶつ》として、ガンジーは今《いま》もなお、世界中《せかいじゅう》の人《ひと》びとからそんけいされているのです。

マハトマ・ガンジー
（一八六九〜一九四八年《ねん》）

ガンジーと「三猿《さんざる》」

世界遺産《せかいいさん》にもなっている栃木県《とちぎけん》の日光《にっこう》東照宮《とうしょうぐう》に、「見《み》ざる、言《い》わざる、聞《き》かざる」で有名《ゆうめい》な「三猿《さんざる》」のほり物《もの》があります。

ある日本人《じん》が、おみやげとしてガンジーに、この三猿《さんざる》の置物《おきもの》をおくったところ、ガンジーは大変気《たいへんき》に入《い》って、いつも持《も》ちあるいていたそうです。インドでは「悪《あく》を見《み》るな、悪《あく》を言《い》うな、悪《あく》を聞《き》くな」という教《おし》えを、ガンジーが大切《たいせつ》にしていたことから、「ガンジーの三猿《さんざる》の教《おし》え」として有名《ゆうめい》です。

たったひとりで
夢《ゆめ》にいどんだ
冒険家《ぼうけんか》

植《うえ》村《むら》直《なお》己《み》

文・鶴川たくじ
絵・堀口順一朗

世界《せかい》でいちばん高《たか》いエベレスト山《さん》に、日本人《じん》として初《はじ》めて登頂《とうちょう》。世界《せかい》で初《はじ》めて、五つの大陸《たいりく》のいちばん高《たか》い山《やま》すべてに登頂《とうちょう》。犬《いぬ》ぞりを使《つか》ってひとりで北極点《ほっきょくてん》に達《たっ》する――。植村直己《うえむらなおみ》は、人《ひと》なみはずれた体力《たいりょく》と精神力《せいしんりょく》で、きびしい土地《とち》にいどみつづけた冒険家《ぼうけんか》です。

一九四一年《ねん》、直己《なおみ》は兵庫県《ひょうごけん》で生《う》まれました。

本格的《ほんかくてき》に山登《やまのぼ》りを始《はじ》めたきっかけは、東京《とうきょう》の大学《だいがく》で上級生《じょうきゅうせい》にさそわれるままに山岳部《さんがくぶ》に入《はい》ったことでした。ところが、山登《やまのぼ》りはあまいものではありませんでした。なにしろ、テントやねぶくろ、食料《しょくりょう》、燃料《ねんりょう》、食器《しょっき》など、四十キロもの荷物《にもつ》をかついで急《きゅう》な斜面《しゃめん》を登《のぼ》るのですから。

一回目《かいめ》の登山《とざん》で、直己《なおみ》は初日《しょにち》につかれてたおれてしまいました。次《つぎ》の日《ひ》からは、仲間《なかま》にはげまされ、なんとか登《のぼ》ったものの、何度《なんど》も足《あし》をすべらせて、斜面《しゃめん》を転《ころ》げおちました。直己《なおみ》は、山《やま》を登《のぼ》る体力《たいりょく》もぎじゅつも、どの部員《ぶいん》よりおとっていることを思《おも》いしらされました。

「山岳部《さんがくぶ》なんかやめようか。いや、きびしさに負《ま》けてにげだすなんてできるもんか。それなら、自分《じぶん》で体力《たいりょく》をつけるしかない。」

帰《かえ》ると、さっそくトレーニングを始《はじ》めました。毎日《まいにち》のうで立《た》てふせ、腹筋運動《ふっきんうんどう》、ランニング、重《おも》い荷物《にもつ》をせおっての階《かい》だんの上《のぼ》り下《お》り……。

また、何度《なんど》もひとりで山《やま》に登《のぼ》りました。

すると、しだいに体力《たいりょく》も登山《とざん》のぎじゅつも身《み》についていて、大学《だいがく》四年生《ねんせい》になるころには、部員《ぶいん》の中《なか》でトップを競《きそ》うほどになっていました。

山登《やまのぼ》りはとても苦《くる》しいけれど、その苦《くる》しさを乗《の》りこえて、頂上《ちょうじょう》に立《た》ったときの気持《きも》ちは、まさに最高《さいこう》でした。すっかり山《やま》のみりょくにとりつかれた直己《なおみ》は、思《おも》いました。

「世界中《せかいじゅう》の高《たか》い山《やま》にちょうせんしたい。」

そうと決《き》めたらまっしぐら。大学卒業後《だいがくそつぎょうご》、海外《かいがい》に出《で》て、アルバイトでお金《かね》をためては、世界《せかい》の山《やま》やまにチャレンジしていったのです。

植村直己《うえむらなおみ》の名《な》が日本中《じゅう》に知《し》られるようになったのは、一九七〇年《ねん》五月《がつ》のことでした。

「日本山岳会《さんがくかい》エベレスト登山隊《とざんたい》」の一員《いちいん》になった直己《なおみ》は、松浦輝夫《まつうらてるお》と二人《ふたり》、隊《たい》を代表《だいひょう》して頂上《ちょうじょう》まで登《のぼ》るアタック隊《たい》に選《えら》ばれました。

アジア大陸《たいりく》で、そして世界《せかい》で、いちばん高《たか》いエベレストのきびしさは、なみたいていではありません。息《いき》をするのも苦《くる》しいうすい空気《くうき》、マイナス三十度《ど》にもなる寒《さむ》さ、立《た》ちはだかる氷《こおり》のかべ……。

けれども、直己《なおみ》たちはザイルで体《からだ》を結《むす》びあい、ボンベの酸素《さんそ》をすいながら、一歩《ぽ》また一歩《ぽ》と、かべにはりつくようにしてよじ登《のぼ》り、みごと頂上《ちょうじょう》まで登《のぼ》りきりました。日本人《じん》で初《はじ》めてのことでした。

「松浦《まつうら》、植村《うえむら》両隊員《りょうたいいん》、地球《ちきゅう》のてっぺんに立《た》つ。」

このニュースがテレビや新聞《しんぶん》で伝《つた》えられると、日本中《じゅう》が感動《かんどう》し、よろこびにわきました。

同《おな》じ年《とし》の八月《がつ》、直己《なおみ》は、北《きた》アメリカ大陸《たいりく》でいちばん高《たか》いマッキンリー（今《いま》のデナリ）に登《のぼ》り、今度《こんど》は世界初《せかいはつ》の記録《きろく》を打《う》ちたてました。

それまでに登《のぼ》った、ヨーロッパ大陸《たいりく》のモンブラン、アフリカ

大陸《たいりく》のキリマンジャロ、南《みなみ》アメリカ大陸《たいりく》のアコンカグア、アジア大陸《たいりく》のエベレストと合《あ》わせて、五つの大陸《たいりく》でいちばん高《たか》い山《やま》すべてに登《のぼ》ったという記録《きろく》です。これは世界《せかい》の登山家《とざんか》が、まだだれも達成《たっせい》していないことでした。どの山《やま》も、富士山《ふじさん》よりはるかに高《たか》くきびしい山《やま》ばかり。しかも、エベレスト以外《いがい》はすべて、たったひとりの冒険《ぼうけん》です。

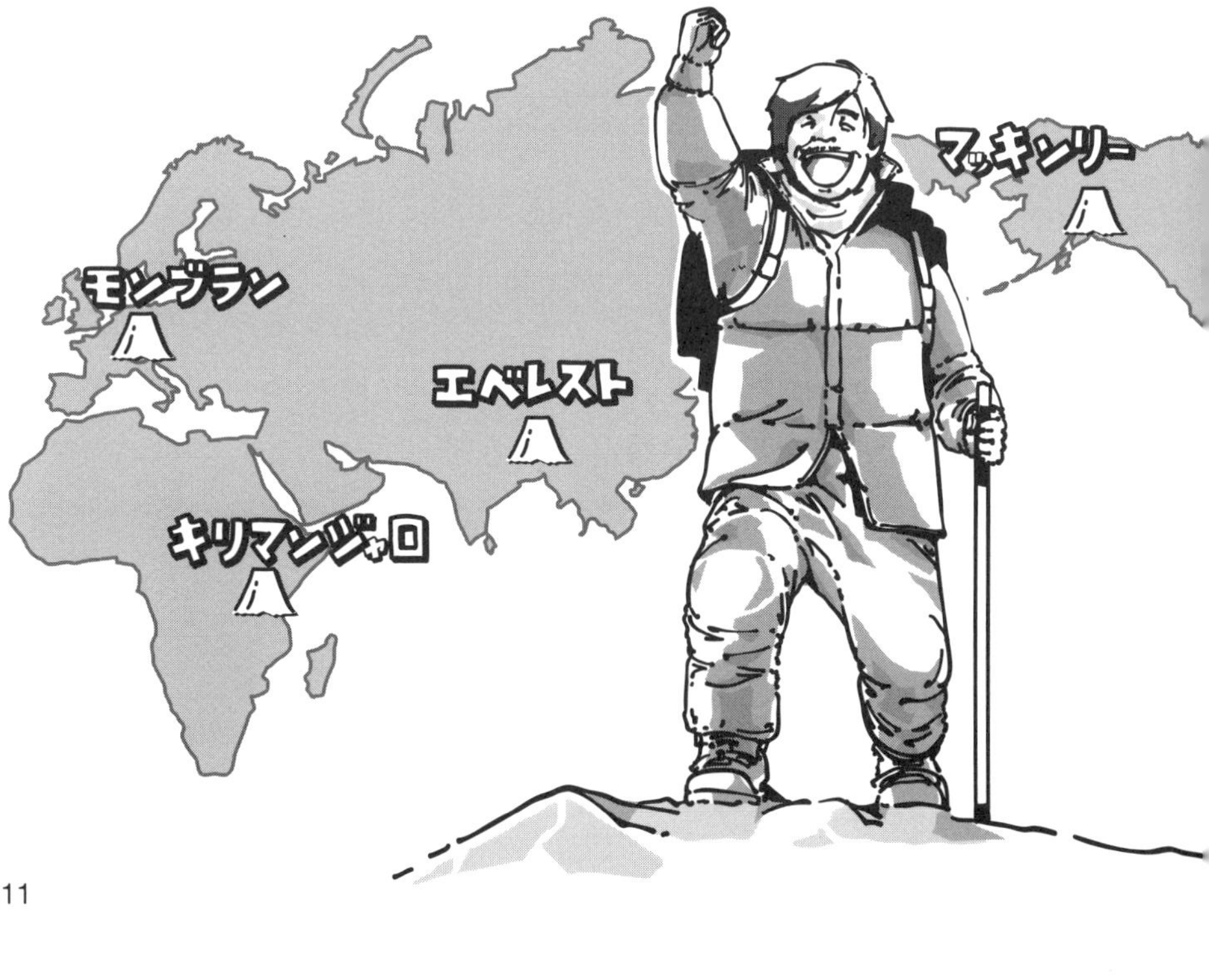

「なぜ、ひとりの行動《こうどう》を選《えら》ぶのですか。いざというときに助《たす》けてくれる人《ひと》がいないから、きけんが大《おお》きいのではないですか。」

ときかれて、直己《なおみ》はこう答《こた》えました。

「どんな山《やま》でも、自分《じぶん》で計画《けいかく》し、じゅんびし、ひとりで行動《こうどう》する。これこそ本当《ほんとう》に満足《まんぞく》のいく登山《とざん》ではないかと思《おも》います。苦《くる》しければ苦《くる》しいだけ、登《のぼ》りきったよろこびは大《おお》きいのです。」

山登《やまのぼ》りの冒険《ぼうけん》に一区切《ひとくぎ》りをつけると、直己《なおみ》は、新《あら》たな目標《もくひょう》を、寒《さむ》さのきびしい北極圏《ほっきょくけん》の冒険《ぼうけん》に定《さだ》めました。

マイナス五十度《ど》にもなることのある極限《きょくげん》の寒《さむ》さの中《なか》で、自分《じぶん》はどこまでやれるのか、試《ため》してみたいと思《おも》ったのです。

新《あたら》しい冒険《ぼうけん》のために、直己《なおみ》は念入《ねんい》りなじゅんびをしました。

海外《かいがい》に出《で》てまもないころ、直己《なおみ》は下調《したしら》べもせずに高《たか》い山《やま》にいどんで、そうなんしかけたことがあります。雪《ゆき》にかくれた氷河《ひょうが》のわれ目《め》に落《お》ちて、ちゅうづりになったのです。運《うん》よくわれ目《め》に体《からだ》がはさまって助《たす》かりましたが、われ目《め》が広《ひろ》かったら命《いのち》を落《お》としているところでした。それ以来《いらい》、直己《なおみ》はじゅんびの大切《たいせつ》さをわすれたことがありません。

北極圏《ほっきょくけん》を旅《たび》するためには、氷原《ひょうげん》をすべるそりが欠《か》かせません。そこで直己《なおみ》は、そりを引《ひ》く犬《いぬ》のあつかい方《かた》や、そりの走《はし》らせ方《かた》を覚《おぼ》えるために、グリーンランドの北極圏《ほっきょくけん》の村《むら》にうつりすみました。現地《げんち》

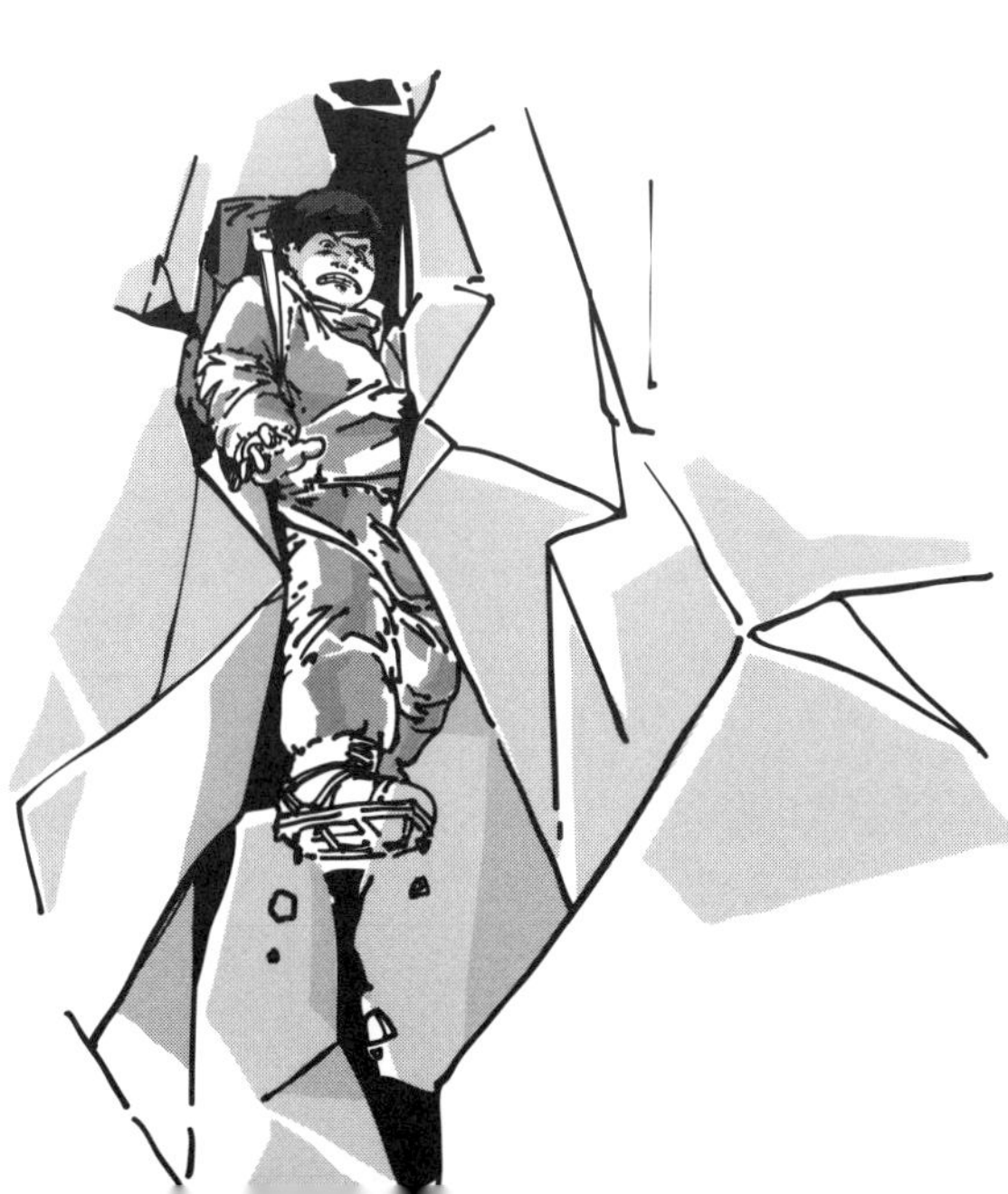

民《みん》のイヌイットの人《ひと》たちからムチのふり方《かた》、かけ声《ごえ》のかけ方《かた》、犬《いぬ》のエサになる動物《どうぶつ》や魚《さかな》のとり方《かた》などを教《おそ》わり、毎日毎日練習《まいにちまいにちれんしゅう》しました。

そうして二年《ねん》三か月《げつ》がたった一九七四年《ねん》十二月《がつ》、直己《なおみ》はグリーンランド西部《せいぶ》を出発《しゅっぱつ》し、一万《まん》二千《せん》キロはなれたアメリカのアラスカを目指《めざ》しました。北海道《ほっかいどう》から鹿児島《かごしま》までが約《やく》三千《ぜん》キロ。その四倍《ばい》もの、気《き》の遠《とお》くなるような長旅《ながたび》の始《はじ》まりです。

北極圏《ほっきょくけん》の旅《たび》では、どんなにじゅんびしても、思《おも》いもよらないことが何度《なんど》も起《お》きました。それも、命《いのち》に関《かか》わるおそろしいことが……。

あるときは、犬《いぬ》たちににげられてしまいました。

いちばん近《ちか》い集落《しゅうらく》まで六十キロもあります。

「犬《いぬ》ぞりなしで、生《い》きてたどりつけるだろうか。」

そして、テントと食料《しょくりょう》、燃料《ねんりょう》を、せおって歩《ある》くかくごを決《き》めたときでした。十二頭《とう》の犬《いぬ》のうち六頭《とう》がもどってきたのです。

半分《はんぶん》にへった犬《いぬ》たちにそりを引《ひ》かせ、自分《じぶん》もうしろからそりをおして、直己《なおみ》はなんとか集落《しゅうらく》にたどりつくことができました。

またあるときは、氷《こおり》がわれて、そりと四頭《とう》の犬《いぬ》が海《うみ》に落《お》ちてしまいました。直己《なおみ》はとっさに氷《こおり》の上《うえ》にのがれました

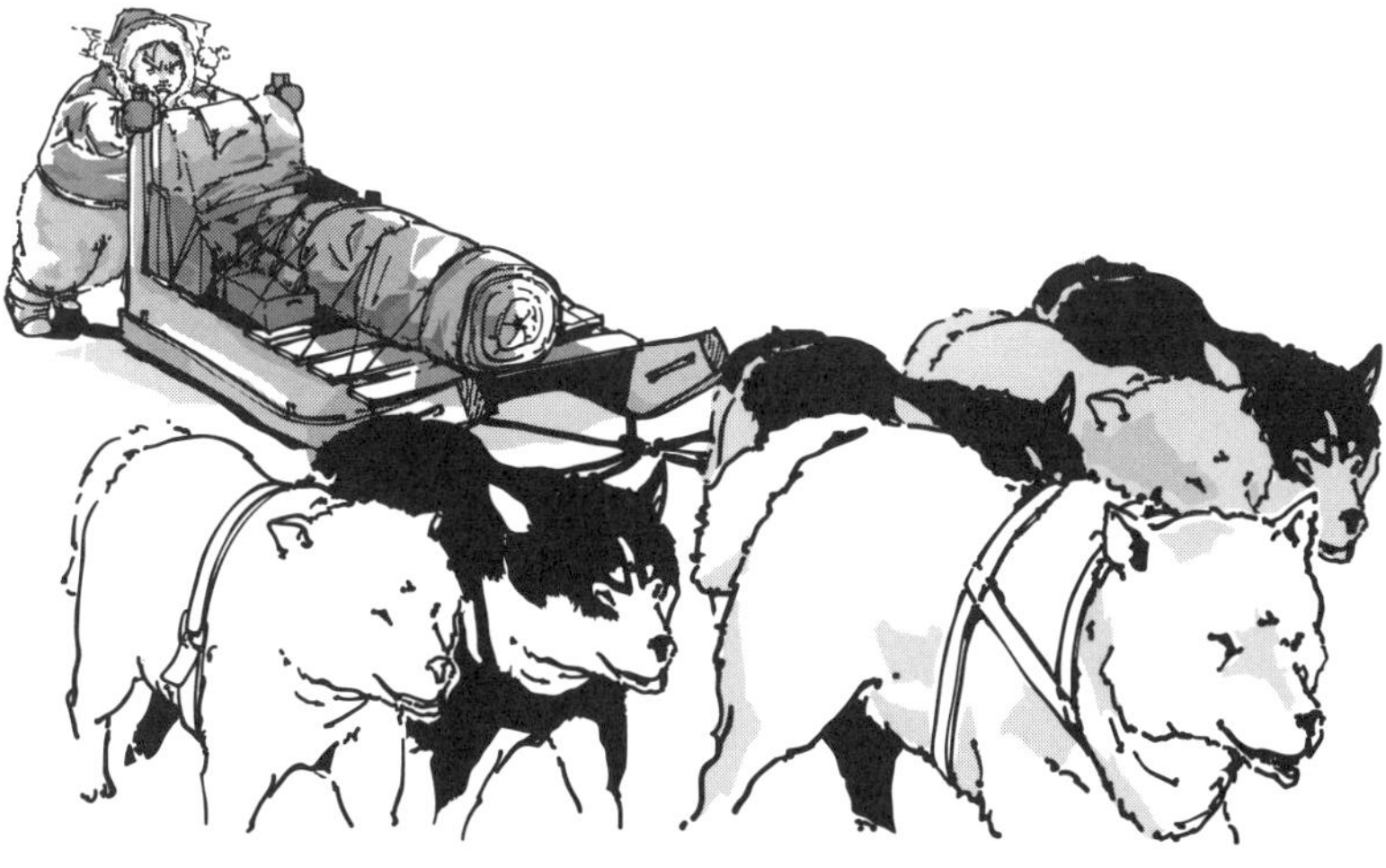

が、そりにはすべての物《もの》を積《つ》んでいます。テントも食料《しょくりょう》も燃料《ねんりょう》も。

「おれはここで、はらをすかし、こごえて死《し》ぬのか……。」

今度《こんど》こそ死《し》をかくごしたとき、きせきが起《お》こりました。いったん海《うみ》にしずんだそりがうきあがってきたのです。

人間《にんげん》が氷《こおり》の海《うみ》に落《お》ちたら、何分《なんぷん》と生《い》きてはいられません。直己《なおみ》は、いつまたわれるか知《し》れない不安定《ふあんてい》な氷《こおり》の上《うえ》を、よつんばいになってそろりそろりとそりに近《ちか》づき、ナイフで荷物《にもつ》のひもを切《き》ると、一つひとつ、そっと氷《こおり》の上《うえ》に引《ひ》きあげました。

そうして軽《かる》くなったそりを犬《いぬ》たちに引《ひ》かせると、うまく氷《こおり》に乗《の》りあげることができました。海《うみ》に落《お》ちた犬《いぬ》たちも、自力《じりき》ではいあがってきました。直己《なおみ》はまた助《たす》かったのです。

こうしたこんなんを乗《の》りこえ、一九七六年《ねん》五月《がつ》に直己《なおみ》はアラスカに到着《とうちゃく》。一年半《ねんはん》かけて一万《まん》二千《せん》キロの旅《たび》を成功《せいこう》させました。

一九七八年《ねん》には、北極点《ほっきょくてん》にいどみました。この旅《たび》のとちゅうには、ホッキョクグマにおそわれるという、おそろしい目《め》にあいました。

ホッキョクグマは直己《なおみ》のいるテントをゆさゆさゆらし、中《なか》のにおいをかいでいるのか、ブフーッ、ブフーッという鼻息《はないき》が聞《き》こえてきます。

（動《うご》いたらおしまいだ。気《き》づかれる！　食《く》いころされる！）
直己《なおみ》が息《いき》をころしてじっとしていると、ホッキョクグマは犬《いぬ》のエサ用《よう》のアザラシの肉《にく》をむしゃむしゃ食《た》べてから去《さ》っていきました。直己《なおみ》の体《からだ》は、あぶらあせでびっしょりになっていました。

また、氷《こおり》の柱《はしら》が立《た》ちふさがる乱氷群《らんぴょうぐん》にぶつかったときには、鉄《てつ》のぼうで氷《こおり》をたたきわり、そりの通《とお》れる道《みち》を作《つく》るのですが、歩《ある》けば一時《じ》間《かん》もかからないきょりを進《すす》むのに八時間《じかん》もかかることがありました。

けれども、今度《こんど》も直己《なおみ》は、みごとにひとりで北極点到達《ほっきょくてんとうたつ》という冒《ぼう》険《けん》を成《な》しとげました。そして休《やす》むまもなく、犬《いぬ》ぞりによる世界《せかい》初《はつ》のグリーンランド縦断《じゅうだん》も達成《たっせい》。

このニつの大冒険《だいぼうけん》によって、直己《なおみ》はイギリスのバラー・イン・スポーツ賞《しょう》を受賞《じゅしょう》しました。「世界《せかい》でもっとも勇《ゆう》かんなスポーツマン」におくられるこの賞《しょう》を受《う》け、「ナオミ・ウエムラ」の名《な》は、世界中《せかいじゅう》に知《し》れわたることになったのです。

その後《ご》も直己《なおみ》は、犬《いぬ》ぞりで南極《なんきょく》を横断《おうだん》するというゆめを実現《じつげん》するために、冒険《ぼうけん》を続《つづ》けました。直己《なおみ》は言《い》いました。

「わたしという人間《にんげん》は、ゆめをいだいている時《とき》だけに生《い》きている。」

しかし、南極横断《なんきょくおうだん》のゆめを果《は》たすことなく、一九八四年《ねん》二月《がつ》十三日《にち》、マッキンリー頂上《ちょうじょう》からの連《れん》らくを最後《さいご》に、行方不明《ゆくえふめい》になってしまいました。自分《じぶん》の四十三回目《かいめ》の誕生日《たんじょうび》に、世界《せかい》で初《はじ》めて、ひとりで冬《ふゆ》のマッキンリー登頂《とうちょう》に成功《せいこう》した次《つぎ》の日《ひ》のことでした。

植村直己《うえむらなおみ》
（一九四一～一九八四年《ねん》）

感謝《かんしゃ》のしるしの石《いし》

日本人《じん》として初《はじ》めてエベレストの頂上《ちょうじょう》に着《つ》いたあと、直己《なおみ》は交通事故《こうつうじこ》で死《し》んだ山岳部《さんがくぶ》の同級生《どうきゅうせい》の写真《しゃしん》を山《やま》にうめました。その人《ひと》は、直己《なおみ》のよきライバルでした。また、直己《なおみ》は頂上《ちょうじょう》の石《いし》をリュックにたくさんつめこみました。直己《なおみ》は、自分《じぶん》をささえてくれた登山隊《とざんたい》の仲間《なかま》たちに、感謝《かんしゃ》のしるしとして頂上《ちょうじょう》の石《いし》をプレゼントしたかったのです。そして、仲間全員《なかまぜんいん》に石《いし》を手《て》わたしたのでした。

学問《がくもん》で人《ひと》の平等《びょうどう》をうったえた教育者《きょういくしゃ》

福《ふく》沢《ざわ》諭《ゆ》吉《きち》

文・鶴川たくじ
絵・イトウケイシ

江戸時代《えどじだい》といえば、ちょんまげを結《ゆ》って刀《かたな》を差《さ》した武士《ぶし》がいた時《じ》代《だい》です。そういう時代《じだい》が終《お》わりをむかえ、明治《めいじ》の新《あたら》しい時代《じだい》が動《うご》きだしたときに、教育《きょういく》によって、新《あたら》しい日本を作《つく》ろうとしたのが、福《ふく》沢諭吉《ざわゆきち》です。

福沢諭吉《ふくざわゆきち》は、一八三五年《ねん》、中津藩《なかつはん》（今《いま》の大分県中津市《おおいたけんなかつし》）の下級武《かきゅうぶ》士《し》の子《こ》として生《う》まれました。

当時《とうじ》の日本には、生《う》まれによって地位《ちい》と仕事《しごと》が決《き》まってしまう、きびしい身分制度《みぶんせいど》がありました。農民《のうみん》や商人《しょうにん》の子《こ》に生《う》まれたら、どんなにがんばっても武士《ぶし》にはなれません。

武士《ぶし》の中《なか》にも身分《みぶん》の上下《じょうげ》が

あって、下級武士《かきゅうぶし》の家《いえ》に生《う》まれたら、将来《しょうらい》はやっぱり下級武士《かきゅうぶし》。藩《はん》から大切《たいせつ》な仕事《しごと》はあたえられず、一生安《いっしょうやす》い給料《きゅうりょう》でがまんしなければなりません。反対《はんたい》に上級《じょうきゅう》武士《ぶし》の家《いえ》に生《う》まれたら、将来《しょうらい》は上級武士《じょうきゅうぶし》になって、たとえ能力《のうりょく》がなくても、大切《たいせつ》な仕事《しごと》と高《たか》い給料《きゅうりょう》があたえられるのです。

諭吉《ゆきち》はそんな身分制度《みぶんせいど》が大《だい》きらいでした。

「力《ちから》のある人《ひと》が、それにふさわしい仕事《しごと》につけないなんて、おかしい。こんなばかばかしい古《ふる》いならわしは、一日《いちにち》も早《はや》くやめるべきだ。しかし、ここで不平《ふへい》を言《い》っても始《はじ》まらない。おれはいつか中津《なかつ》を出《で》て、自分《じぶん》の力《ちから》を思《おも》うぞんぶんのばしてやるんだ。」

二十歳《はたち》になると、諭吉《ゆきち》は長崎《ながさき》へ出《で》て、オランダ語《ご》の勉強《べんきょう》を始《はじ》めました。当時《とうじ》の日本は「鎖国《さこく》」といって、外国《がいこく》とのつきあいをせいげんしていましたが、中国《ちゅうごく》、オランダなどとは貿易《ぼうえき》をしていました。

その港《みなと》があるため、長崎《ながさき》は、オランダの言葉《ことば》や学問《がくもん》を学《まな》ぶ「蘭学《らんがく》」がさかんだったのです。諭吉《ゆきち》のオランダ語《ご》はめきめき上達《じょうたつ》しました。二十一歳《さい》になると、諭吉《ゆきち》は、今度《こんど》は大阪《おおさか》に向《む》かいました。大阪《おおさか》に、全国《ぜんこく》からゆうしゅうな生徒《せいと》が集《あつ》まる「適塾《てきじゅく》」という蘭学塾《らんがくじゅく》があると聞《き》いたからです。

適塾《てきじゅく》に入門《にゅうもん》した諭吉《ゆきち》は、ねる時間《じかん》もおしんで、もう勉強《べんきょう》しました。食事《しょくじ》と入浴以外《にゅうよくいがい》はほとんど勉強《べんきょう》です。どうしてもねむくなったら、つくえにつっぷし、少《すこ》しねて、また勉強《べんきょう》。諭吉《ゆきち》には、ふとんもまくらもないというありさまでした。おかげで、二年後《ねんご》には塾《じゅく》でいちばんゆうしゅうな生徒《せいと》になっていました。

すると、諭吉《ゆきち》のひょうばんを聞《き》いたふるさとの中津藩《なかつはん》が、「江戸《えど》に行《い》って、オランダ語《ご》を教《おし》えなさい」と言《い》ってきました。そこで、二十四歳《さい》の諭吉《ゆきち》は、江戸《えど》の中津藩《なかつはん》の屋《や》しきで自分《じぶん》の塾《じゅく》を開《ひら》きました。

これが、今《いま》の慶応義塾《けいおうぎじゅく》の始《はじ》まりなのです。

ところが、時代《じだい》ははげしく動《うご》いていました。アメリカに強《つよ》く「開《かい》国《こく》」をせまられた幕府《ばくふ》は、諭吉《ゆきち》が塾《じゅく》を開《ひら》いた一八五八年《ねん》に、ついに、二百年《ひゃくねん》以上《いじょう》続《つづ》いた鎖国《さこく》をやめました。そして、アメリカやイギリスなどの国《くに》ぐにとつきあうようになってみると、世界《せかい》でいちばん使《つか》われている言葉《ことば》は、オランダ語《ご》ではなく、英語《えいご》だったのです。

「今《いま》までなんのためにオランダ語《ご》を学《まな》んできたのか……。」

と、がっかりした諭吉《ゆきち》でしたが、すぐに考《かんが》えを切《き》りかえました。

「これから日本が世界《せかい》の仲間入《なかまい》りをするのなら、英語《えいご》が必要《ひつよう》になるのはまちがいない。よし、英語《えいご》をものにするぞ。」

今度《こんど》は英語《えいご》のもう勉強《べんきょう》の始《はじ》まりです。教《おし》えてくれる先生《せんせい》がいないので、辞書《じしょ》を買《か》ってきてひとりで勉強《べんきょう》しました。しかし、言葉《ことば》の意《い》味《み》はわかっても、発音《はつおん》の勉強《べんきょう》だけはできません。

一八六〇年《ねん》、そんな諭吉《ゆきち》に大《おお》きなチャンスがめぐってきました。幕府《ばくふ》がアメリカに使節《しせつ》を送《おく》るための「咸臨丸《かんりんまる》」という船《ふね》に、少《すこ》し英語《えいご》ができるということで、乗《の》せてもらえたのです。

アメリカは、何《なに》もかもが日本より進《すす》んでいました。中《なか》でも諭吉《ゆきち》がいちばんおどろいたのは、アメリカ人《じん》のものの考《かんが》え方《かた》でした。

あるパーティーで、諭吉《ゆきち》は、アメリカの初代大統領《しょだいだいとうりょう》ワシントンの子孫《しそん》がどうしているか、たずねてみました。

すると……だれも知《し》らないのです。

日本では、江戸幕府《えどばくふ》を開《ひら》いた徳川家康《とくがわいえやす》の子孫《しそん》は、代《だい》だいあとをついで、将軍《しょうぐん》になっています。だから諭吉《ゆきち》は、ワシントンの子孫《しそん》も、特別大事《とくべつだいじ》にあつかわれているのだろうと思《おも》っていました。

しかし、アメリカの大統領《だいとうりょう》は、大統領《だいとうりょう》にふさわしいかどうかを国民《こくみん》が考《かんが》えて、選挙《せんきょ》で選《えら》ぶ仕組《しく》みです。だからアメ

リカ人《じん》は、「その人《ひと》に何《なに》ができるのか」に関心《かんしん》があり、「どの家《いえ》に生《う》まれたのか」にはあまり関心《かんしん》がないらしいのです。

そういう社会《しゃかい》では、生《う》まれに関係《かんけい》なくだれでも、本人《ほんにん》の努力《どりょく》しだいでいくらでも、望《のぞ》む仕事《しごと》について出世《しゅっせ》する可能性《かのうせい》があります。

このとき諭吉《ゆきち》は、感心《かんしん》すると同時《どうじ》に日本の将来《しょうらい》が心配《しんぱい》になりました。やがて幕府《ばくふ》はなくなり、新《あたら》しい時代《じだい》が来《く》るでしょう。外国《がいこく》とのつきあいもさかんになるでしょう。そのときに、日本人《じん》の考《かんが》え方《かた》が、えらい人《ひと》の言《い》いなりになる、古《ふる》い身分制度《みぶんせいど》にしばられたまま変《か》わっていなけ

れば……進歩《しんぽ》した西洋《せいよう》の国《くに》ぐにから取《と》り残《のこ》され、悪《わる》くすると支配《しはい》されてしまうかもしれません。

そんなことにならないよう、帰国《きこく》した諭吉《ゆきち》は、

「日本人《じん》も、西洋人《せいようじん》のように、一人《ひとり》ひとりが、他人《たにん》にたよらず、自《じ》分《ぶん》で考《かんが》え、行動《こうどう》できるようにしなければいけない。そういう人《ひと》がふえなければ、外国《がいこく》からの支配《しはい》をのがれて国《くに》を守《まも》ることはできないだろう。これからは、自分《じぶん》が学《まな》んだことを世《よ》に広《ひろ》めて、日本人《じん》の考《かんが》え方《かた》を変《か》えていくのだ。」

と、決心《けっしん》しました。

そのために、諭吉《ゆきち》は塾《じゅく》での教育《きょういく》にいっそう力《ちから》を注《そそ》ぎました。まず、外国語《がいこくご》の教育《きょういく》は英語《えいご》を中心《ちゅうしん》にしました。そして、自分《じぶん》と同《おな》じ西洋流《せいようりゅう》

の新《あたら》しい考《かんが》え方《かた》を身《み》につけた弟子《でし》を多《おお》く育《そだ》てました。その弟子《でし》たちがまた先生《せんせい》になって、諭吉《ゆきち》の考《かんが》えを広《ひろ》めていきました。

一方《いっぽう》で、西洋《せいよう》のすぐれた文化《ぶんか》や、その文化《ぶんか》にせっして自分《じぶん》が考《かんが》えたことを、より多《おお》くの人《ひと》びとに知《し》ってもらおうと、諭吉《ゆきち》は本《ほん》もたくさん書《か》きました。

『西洋事情《せいようじじょう》』（一八六六〜七〇年出版《ねんしゅっぱん》）という本《ほん》では、アメリカやヨーロッパの国《くに》ぐにを回《まわ》ったときに見《み》たり聞《き》いたりしたことをしょうかいしました。当時《とうじ》の日本にはなかった、政治《せいじ》や社会《しゃかい》のいろいろな制度《せいど》についてもくわしく書《か》いたので、一八六八年《ねん》にスタートした、明治《めいじ》の新政府《しんせいふ》の政策《せいさく》にも取《と》りいれられました。

そして一八七二年《ねん》には、「天《てん》は人《ひと》の上《うえ》に人《ひと》をつくらず、人《ひと》の下《した》に人《ひと》をつくらずと言《い》えり」という有名《ゆうめい》な書《か》きだしで始《はじ》まる、『学問《がくもん》のすゝめ《すすめ》』という本《ほん》を出《だ》しました。

この本《ほん》で、諭吉《ゆきち》は「すべての人間《にんげん》は平等《びょうどう》である。人《ひと》は学問《がくもん》を身《み》につければ他人《たにん》にたよらず自分《じぶん》でものを考《かんが》えたり、りっぱな仕事《しごと》ができるのだ」と、だれにでもわかるやさしい言葉《ことば》で語《かた》りかけています。

塾《じゅく》の教育《きょういく》で、日本の政治《せいじ》やけいざいの世界《せかい》で中心《ちゅうしん》となる人物《じんぶつ》を何《なん》人《にん》も育《そだ》て、書《か》いた本《ほん》で、多《おお》くの日本人《じん》のものの考《かんが》え方《かた》を変《か》えた福沢《ふくざわ》諭吉《ゆきち》は、一九〇一年《ねん》二月三日《がつみっか》、六十七歳《さい》でなくなりました。

福沢諭吉《ふくざわゆきち》
（一八三五～一九〇一年《ねん》）

迷信《めいしん》をたしかめた

諭吉《ゆきち》は子《こ》どものころ、おとのさまの名《な》前《まえ》が書《か》かれた紙《かみ》をふんでしまいました。「無礼者《ぶれいもの》。ばちが当《あ》たるぞ」と諭吉《ゆきち》の兄《あに》はおこりました。その場《ば》ではあやまりましたが、「本当《ほんとう》にばちが当《あ》たるのか」と人《ひと》びとが信《しん》じる迷信《めいしん》をたしかめてみたくなりました。そこで、諭吉《ゆきち》は神《かみ》だなのお札《ふだ》を取《と》り、ふんでみました。しかし、何《なに》も起《お》こりませんでした。

それからは、「ばちが当《あ》たる」ということを信《しん》じなくなったといいます。

点字《てんじ》を発明《はつめい》した
盲目《もうもく》の人《ひと》

ルイ・ブライユ

文・星明子
絵・イクタケマコト

目《め》の不自由《ふじゆう》な人《ひと》が、さわって読《よ》むことのできる点字《てんじ》。六つの点《てん》だけで文字《もじ》や音符《おんぷ》を表《あらわ》せる、とても便利《べんり》なものです。今《いま》では、ゆうびんポストや駅《えき》の表示《ひょうじ》など、あちこちで見《み》られます。

日本だけでなく、世界中《せかいじゅう》の国《くに》ぐにで使《つか》われている点字《てんじ》は、約《やく》二百《ひゃく》年《ねん》ほど前《まえ》に、フランスのルイ・ブライユという、目《め》の見《み》えない十五歳《さい》の少年《しょうねん》が発明《はつめい》しました。

ルイは、三歳《さい》のとき、あやまって刃物《はもの》を目《め》にさして、かた目《め》が見《み》えなくなり、五歳《さい》で両方《りょうほう》の目《め》が見《み》えなくなりました。一方《いっぽう》で、ルイは、手先《てさき》が器用《きよう》で頭《あたま》がよく、家《いえ》の手伝《てつだ》いをし

たり、手《て》ざわりや音《おと》で季節《きせつ》のうつり変《か》わりを感《かん》じたりしました。

当時《とうじ》の目《め》の見《み》えない人《ひと》ではめずらしいことでしたが、ルイは、神父《しんぷ》さんのすすめで、小学校《しょうがっこう》に通《かよ》うようになりました。

「おかえり、ルイ。学校《がっこう》はどうだった？」

「今日《きょう》も楽《たの》しかったよ。地理《ちり》の時間《じかん》に、いろいろな国《くに》の話《はなし》を聞《き》いたんだ。」

学校《がっこう》の授業《じゅぎょう》は、ルイにとって、おもしろいお話《はなし》の時間《じかん》でした。先生《せんせい》の話《はなし》を、はしから覚《おぼ》えてしまうので、目《め》の見《み》える子《こ》にまじっても、クラスでいちばんできる生徒《せいと》でした。友《とも》だちもたくさんできました。

しかし、ルイには、どうしてもできないことがあります。

（本《ほん》が読《よ》めない。人《ひと》に読《よ》んでもらわないと、
書《か》いてあることがわからない。）

そのころ、パリに、世界《せかい》で初《はじ》めての「もう学校《がっこう》（目《め》の見《み》えない人《ひと》のための学校《がっこう》）」が

できました。ルイは、十歳《さい》で家族《かぞく》と別《わか》れて、もう学校《がっこう》に入《はい》りました。

学校《がっこう》には、目《め》の見《み》えない人《ひと》が、さわって読《よ》める本《ほん》がありました。でもそれは、あまり読《よ》みやすいものではありませんでした。紙《かみ》が文字《もじ》の形《かたち》にもりあがっていますが、一つの字《じ》が大《おお》きいので、さわり終《お》わるまでに時間《じかん》がかかります。最後《さいご》の字《じ》を読《よ》み終《お》わるころには、最初《さいしょ》の字《じ》をわすれてしまいます。本《ほん》は大《おお》きくて、ぶあつくて、運《はこ》ぶのも大変《たいへん》です。

（自分《じぶん》で読《よ》めるのはいいけれど、もっと読《よ》みやすいといいな。）

そんなある日《ひ》、学校《がっこう》に、バルビエ大佐《たいさ》という人《ひと》がやってきました。大佐《たいさ》は、暗《くら》やみで軍隊《ぐんたい》の命令《めいれい》を伝《つた》える方法《ほうほう》をもとに、十二この点《てん》と線《せん》でフランス語《ご》の発音《はつおん》を表《あらわ》す方法《ほうほう》を考《かんが》えて、教《おし》えてくれたのです。

（すごい。こんな便利《べんり》な方法《ほうほう》があったんだ。）

文字《もじ》の形《かたち》にこだわらず、点《てん》を使《つか》うのは、まったく新《あたら》しいアイデアです。速《はや》く読《よ》めて、自分《じぶん》で書《か》くこともできます。ところが、ルイは、大佐《たいさ》の方法《ほうほう》で、友《とも》だちと手紙《てがみ》を交《こう》かんしたりするうちに、いくつかの問題《もんだい》に気《き》がつきました。

（十二こも点《てん》があると、読《よ》むのにも書《か》くのにも時間《じかん》がかかる。）

（句読点《くとうてん》も、数字《すうじ》もない。音符《おんぷ》もないから、楽譜《がくふ》は読《よ》めない。）

ルイは、大佐《たいさ》に会《あ》い、改良《かいりょう》のアイデアを伝《つた》えました。でも、大佐《たいさ》は、直《なお》そうとはしてくれませんでした。目《め》の見《み》えない人《ひと》のための、数字《すうじ》や楽譜《がくふ》の記号《きごう》は、必要《ひつよう》だと思《おも》わなかったのです。

それから、十三歳《さい》のルイの、点字《てんじ》の研究《けんきゅう》が始《はじ》まりました。

授業《じゅぎょう》や勉強《べんきょう》があるので、取《と》りかかれるのは、夜《よる》になってしまいます。コツ、コツ、コツ……。ルイのいる部屋《へや》から、小《ちい》さな音《おと》がします。同《おな》じ部屋《へや》の友《とも》だちは、もうねました。ルイはひとりで、板《いた》に紙《かみ》をしき、鉄《てつ》のぼうで点《てん》を打《う》っています。

「点《てん》の組《く》みあわせ一つが、一つの文字《もじ》を表《あらわ》す仕《し》組《く》みにしよう。」

「すらすらと読《よ》めるようにしたい。文字《もじ》は小《ちい》さめがいいな。」

「句読点《くとうてん》がいる。数字《すうじ》も、音符《おんぷ》も入《い》れよう。」

小《ちい》さな音《おと》は、朝《あさ》まで続《つづ》くこともありました。

夏休《なつやす》みには、板《いた》やぼうを家《いえ》に持《も》ちかえり、朝《あさ》から夜《よる》まで工夫《くふう》を重《かさ》ねました。

「この字《じ》とこの字《じ》は、まぎらわしい……。」

「ここがダメということは……。ああ、全部《ぜんぶ》やり直《なお》しだ。」

家族《かぞく》や村《むら》の人《ひと》たちは、ルイが家《いえ》の戸口《とぐち》にすわりこんで、板《いた》の上《うえ》の紙《かみ》をつついているのを見守《みまも》っていました。でも、ルイが何《なに》をしようとしているのかは、わかりませんでした。

当時《とうじ》は、目《め》が見《み》えない人《ひと》が学校《がっこう》

へ行《い》ったり、仕事《しごと》についたりするのがむずかしい時代《じだい》でした。家《いえ》がお金持《かねも》ちなら、家族《かぞく》に助《たす》けられて生《い》きていけましたが、そうでなければ、ものごいなどをする人《ひと》もいました。

それに対《たい》して、ルイは、こんな言葉《ことば》を残《のこ》しています。

「わたしたちは、目《め》が見《み》えないからといって、世《よ》の中《なか》からしめだされたくはありません。また、ばかにされたり、かわいそうだと思《おも》われるだけでもいけません。そのために、勉強《べんきょう》しなくてはなりません。」

「目《め》の見《み》えない人《ひと》たちがいろいろなことを知《し》って、人《ひと》としてそんけいされるように、できるだけのことをしたい。」

ルイは、授業《じゅぎょう》以外《いがい》の時間《じかん》は、すべて研究《けんきゅう》に使《つか》い、三年間《ねんかん》考《かんが》えぬいた方《ほう》法《ほう》を、友《とも》だちにそっと伝《つた》えました。

「まだ改良中《かいりょうちゅう》だけど、こんな読《よ》み書《か》きのやり方《かた》はどうかな。六つの点《てん》と線《せん》で表《あらわ》すんだ。読《よ》み方《かた》は……。」

友《とも》だちは、指《ゆび》をあて、試《ため》してみて言《い》いました。

「これは……。大佐《たいさ》のよりも、ずっとわかりやすい。」

「すらすら読《よ》めるぞ。」

大佐《たいさ》の方法《ほうほう》では、十二この点《てん》と線《せん》を使《つか》っていましたが、点《てん》六つと線《せん》だけにしたので、一つの文字《もじ》は、ぐっと小《ちい》さくなりました。そのため、指先《ゆびさき》で軽《かる》くふれただけで、なんの文字《もじ》かわかります。文字《もじ》だけでなく、句読点《くとうてん》や数字《すうじ》、音符《おんぷ》も表《あらわ》せます。

・・もう学校《がっこう》では、みんながルイの点字《てんじ》を使《つか》って、ノートをとったり、手紙《てがみ》を書《か》くようになりました。

ルイは、十七歳《さい》から、もう学校《がっこう》の先生《せんせい》を始《はじ》めました。おだやかでやさしく、おもしろい授業《じゅぎょう》をしてくれるルイ先生《せんせい》は、人気者《にんきもの》でした。

仕事《しごと》の合間《あいま》には、点字《てんじ》の改良《かいりょう》も続《つづ》けます。線《せん》を使《つか》うのはやめて、六つの点《てん》だけにしました。ルイの点字《てんじ》は、学《まな》びやすく、速《はや》く読《よ》めて、いろいろなことを表《あらわ》せるという、どんどん便利《べんり》なものになっていきました。

でも、ルイの点字《てんじ》のすばらしさは、世《よ》の中《なか》になかなかわかってもらえませんでした。中《なか》には、目《め》の見《み》えない人《ひと》たちが、自分《じぶん》たちのわからない言葉《ことば》で伝《つた》えあうことをいやがる人《ひと》もいました。学校《がっこう》で、使《し》用禁止《ようきんし》となったことさえありました。協力《きょうりょく》してもらえないことが多《おお》く、フランスの中《なか》で広《ひろ》がるだけでも、三十年《ねん》もの年月《ねんげつ》がかかりました。

今《いま》では、世界《せかい》の百以上《ひゃくいじょう》の言葉《ことば》にルイの点字《てんじ》が使《つか》われています。ルイ・ブライユは、目《め》の不自由《ふじゆう》な人《ひと》たちに新《あたら》しい世界《せかい》を開《ひら》いたのです。

ルイ・ブライユ（一八〇九〜一八五二年《ねん》）

アルファベットより楽譜《がくふ》

音楽《おんがく》が好《す》きだったルイは、アルファベットよりも先《さき》に、楽譜用《がくふよう》の点字《てんじ》を完成《かんせい》させました。音《おと》の高《たか》さ、長《なが》さ、「なめらかにひく」などのえんそうのための指示《しじ》などが表《あらわ》せます。

楽譜《がくふ》を点字《てんじ》で表《あらわ》せば、目《め》の不自由《ふじゆう》な人《ひと》も新《あたら》しい曲《きょく》をどんどん覚《おぼ》えることができるし、一人《ひとり》でも練習《れんしゅう》ができます。音楽《おんがく》の才能《さいのう》にあふれた目《め》の不自由《ふじゆう》な人《ひと》が、えんそう家《か》・作曲家《さっきょくか》として活《かつ》やくできる未来《みらい》を作《つく》ったのです。

ペニシリンを
発見《はっけん》した
細菌学者《さいきんがくしゃ》

フレミング

文・入澤宣幸
絵・藤原良二

たまごからかえったばかりのひなが、よちよち歩《ある》きはじめました。春《はる》になると、ここイギリス北部《ほくぶ》にわたってくる、タゲリという鳥《とり》です。するとそのとき、羊《ひつじ》の牧場《ぼくじょう》に落《お》ちていた羊《ひつじ》の毛《け》のかたまりが、強《つよ》い風《かぜ》でとんできました。ひなは、その毛《け》のかたまりにあしをとられ、転《ころ》んでしまいました。毛《け》にからまってバタバタしています。

その様子《ようす》をじっと見《み》ている男《おとこ》の子《こ》がいました。まずしい農家《のうか》の、九人兄弟《にんきょうだい》の下《した》から二番目《ばんめ》、小学校《しょうがっこう》一年生《ねんせい》のアレクです。アレクは農《のう》場《じょう》の手伝《てつだ》いをしながら、生《い》き物《もの》を観察《かんさつ》するのが大好《だいす》きでした。

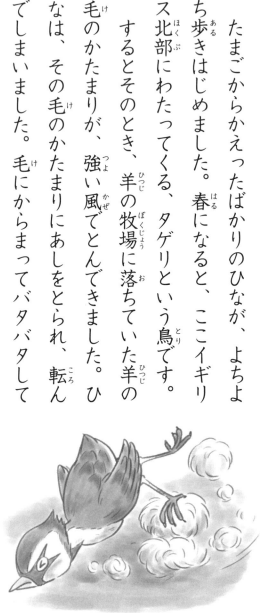

ひなは、ようやく毛《け》のかたまりから、ぬけだすことができました。

(タゲリたちがいつも牛《うし》の牧場《ぼくじょう》に巣《す》を作《つく》る理由《りゆう》がやっとわかったぞ。羊《ひつじ》の牧場《ぼくじょう》は、毛《け》のかたまりが落《お》ちているので、きらいなんだ。)

アレクは、さっそく夕《ゆう》ご飯《はん》のとき、家族《かぞく》にそのことを話《はな》しました。

「タゲリの親《おや》は、小《ちい》さいひなが歩《ある》きやすいように、牛《うし》の牧場《ぼくじょう》に巣《す》を作《つく》るんだよ。でも、別《べつ》の大《おお》きい鳥《とり》は、羊《ひつじ》の牧場《ぼくじょう》に巣《す》を作《つく》るんだ。大《おお》きい鳥《とり》のひなは、毛《け》にからまらないからだと思《おも》う。鳥同士《とりどうし》は、話《はな》しあってるわけでもないのに、ちゃんとおたがいのじゃまをしないように、くらしているんだよ。」

「あいかわらずアレクは、よく見《み》てるな。」

「そんな細《こま》かいことに、よく気《き》づいたね。アレク、すごい。」

家族《かぞく》は、アレクの観察力《かんさつりょく》のするどさに、いつも感心《かんしん》していました。このアレクこそ、のちに世界中《せかいじゅう》の人《ひと》たちを病気《びょうき》からすくう薬《くすり》を作《つく》った、アレクサンダー・フレミングです。

アレクは野山《のやま》をかけまわり、元気《げんき》に少年時代《しょうねんじだい》をすごしました。そして、季節《きせつ》ごとに変《か》わる植物《しょくぶつ》や動物《どうぶつ》のくらしを、いつも興味《きょうみ》をもって見《み》つめていました。

月日《つきひ》は流《なが》れ、上《うえ》から二番目《ばんめ》のトーマス兄《にい》さんは、首都《しゅと》ロンドンで医者《いしゃ》を始《はじ》めました。ひとり立《だ》ちしてお金《かね》をかせいでいるトーマスが、アレクにはまぶしく見《み》えました。そこで、自分《じぶん》も十六歳《さい》になると、ロンドンの商船会社《しょうせんがいしゃ》で働《はたら》きはじめました。

四年《ねん》ほどしたある日《ひ》、トーマスはアレクに言《い》いました。

「医者《いしゃ》の仕事《しごと》を続《つづ》けてみて気《き》づいたが、医者《いしゃ》に向《む》いているのは、おまえのほうだ。細《こま》かいところにも目《め》のゆきとどく医者《いしゃ》になれるよ。医学部《いがくぶ》に入《はい》れ。」

ちょうどそのころ、おじさんがなくなり、アレクにも遺産《いさん》が入《はい》りました。そんなこともあって、アレクサンダー・フレミングは勉強《べんきょう》をし直《なお》して、医者《いしゃ》の大学《だいがく》に入《はい》りました。そして、二十五歳《さい》で卒業《そつぎょう》しました。

フレミングは、病気《びょうき》の治《ち》りょうをする医者《いしゃ》よりも、病気《びょうき》の原因《げんいん》を研究《けんきゅう》する医者《いしゃ》になりたいと思《おも》い、細菌学研究所《さいきんがくけんきゅうじょ》で働《はたら》きはじめました。

このころには、病気《びょうき》の原因《げんいん》の多《おお》くが、小《ちい》さな「細菌《さいきん》」という生物《せいぶつ》であることは、すでに知《し》られていました。そして、血液中《けつえきちゅう》の無色《むしょく》で小《ちい》さいもの（白血球《はっけっきゅう》）が細菌《さいきん》をやっつけることもわかっ

ていました。しかし、病気《びょうき》で体力《たいりょく》が落《お》ちて、白血球《はっけっきゅう》がうまく働《はたら》かなくなることがあります。すると、人間《にんげん》は細菌《さいきん》に負《ま》けて、死《し》んでしまうのです。

（白血球《はっけっきゅう》のように、細菌《さいきん》をやっつける薬《くすり》があればいいのに。）

フレミングはいつもそう思《おも》って研究《けんきゅう》をしていましたが、そんな薬《くすり》がどうやったら作《つく》れるのかは、まるでわかりませんでした。

一九一四年《ねん》、第一次世界大戦《だいいちじせかいたいせん》が始《はじ》まりました。ヨーロッパ中《じゅう》をまきこんだ、大《おお》きな戦争《せんそう》です。イギリスも戦争《せんそう》に加《くわ》わったため、多《おお》くの兵士《へいし》が負傷《ふしょう》しました。フレミングは、ほかの医者《いしゃ》たちといっしょに戦地《せんち》へ行《い》き、けがをして運《はこ》ばれてきた兵士《へいし》の治《ち》りょうにあたりました。

ところが、治《ち》りょうする場所《ばしょ》は屋外《おくがい》のかんたんなしせつなので、清潔《せいけつ》な治《ち》りょうができません。きず口《ぐち》をふさいだとしても、そこから入《はい》った細菌《さいきん》がもとで、多《おお》くの兵士《へいし》は別《べつ》の病気《びょうき》にかかって、死《し》んでしまいました。

なやんだフレミングは、石炭《せきたん》酸《さん》という薬品《やくひん》に、きず口《ぐち》を消毒《しょうどく》する力《ちから》があると聞《き》き、さっそく使《つか》ってみました。けれども、きき

めがあるとは思《おも》えませんでした。

けんび鏡《きょう》で調《しら》べてみたところ、たしかに石炭酸《せきたんさん》で細菌《さいきん》は死《し》にますが、人間《にんげん》の白血球《はっけっきゅう》までも死《し》んでしまうことがわかりました。

（ヒトの体《からだ》もだめにしてしまったら、薬《くすり》ではない。細菌《さいきん》だけをやっつける薬《くすり》を作《つく》らなくては。）

戦争《せんそう》が終《お》わってロンドンにもどってきたフレミングは、ふたたび研究《けんきゅう》を開始《かいし》しました。

実験《じっけん》をするために、フレミングは、シャーレというガラス皿《ざら》をいくつも用意《ようい》し、いろいろな細菌《さいきん》を育《そだ》てました。シャーレの中《なか》でふえた細菌《さいきん》は、目《め》に見《み》えるほどのかたまりになります。フレミングは、細菌《さいきん》をころす薬《くすり》はないかと、いろいろな物《もの》を細菌《さいきん》のかたまりにつけてみました。

調《しら》べているうちに、ヒトのなみだ、だえき、鼻水《はなみず》などには、細菌《さいきん》をころす力《ちから》があることに気《き》づきました。フレミングがシャーレのふたを開《あ》けたまま、思《おも》わずくしゃみをしてしまったときに、とびこんだだえきや鼻水《はなみず》で、細菌《さいきん》のかたまりが小《ちい》さくなったのです。

（細菌《さいきん》と戦《たたか》う力《ちから》があるのは、白血球《はっけっきゅう》だけではなかったんだ。）

フレミングは、なみだやだえきなどにふくまれる、細菌《さいきん》をころす成分《せいぶん》を「リゾチーム」と名《な》づけました。しかし、リゾチームは、強《つよ》い細菌《さいきん》には、じゅうぶんなききめがありませんでした。

一九二八年《ねん》のある夏《なつ》の日《ひ》の朝《あさ》、研究室《けんきゅうしつ》に入《はい》ってきたフレミングは、ある細菌《さいきん》のシャーレのふたが開《あ》いていることに気《き》づきました。

「しまった！　しめわすれた。」

シャーレの中《なか》には、カビが生《は》えていました。パンやみかんに生《は》える、あの青《あお》カビです。

（失敗《しっぱい》だ。これでは実験《じっけん》が台無《だいな》しじゃないか。ぼくはあいかわらずそそっかしいな。）

そう思《おも》ってシャーレをすてようとしたとき、不思議《ふしぎ》な様子《ようす》が目《め》に入《はい》りました。青《あお》カビの近《ちか》くの細菌《さいきん》のかたまりがへっているように見《み》えたのです。シャーレの中《なか》には、リゾチームではやっつけられなかった「黄色《おうしょく》ブドウ球菌《きゅうきん》」が入《はい》っていたはずです。黄色《おうしょく》ブドウ球菌《きゅうきん》は、きず口《ぐち》から入《はい》る細菌《さいきん》の一つで、また、ふえて食《た》べ物《もの》といっしょに体内《たいない》に入《はい》ると食中毒《しょくちゅうどく》の原因《げんいん》にもなる、こわい細菌《さいきん》です。

（気《き》のせいだろうか。いや、きのうまでは、もっと多《おお》かったはずだ……。）

フレミングは、さっそく青《あお》カビを育《そだ》てました。そして、青《あお》カビを黄色《おうしょく》ブドウ球菌《きゅうきん》のかたまりにつけてみたところ、菌《きん》のかたまりが、とけてなくなるではありませんか。

（見《み》つけた！　黄色《おうしょく》ブドウ球菌《きゅうきん》をころすのは、青《あお》カビだ！　でもヒトにも害《がい》があったのでは、薬《くすり》としては使《つか》えない。もっと調《しら》べてみよう。）

フレミングが調《しら》べてみると、青《あお》カビから出《で》るとう明《めい》な液体《えきたい》に、すばらしい力《ちから》があることがわかりました。黄色《おうしょく》ブドウ球菌《きゅうきん》だけでなく、はいえんなど百《ひゃく》

種類《しゅるい》以上《いじょう》のこわい病気《びょうき》のもとになる細菌《さいきん》をころす力《ちから》があったのです。しかも、ヒトの体《からだ》には害《がい》がないことも明《あき》らかになりました。フレミングはこの物質《ぶっしつ》を、青《あお》カビを意味《いみ》する「ペニシリン」と名《な》づけました。小《ちい》さいころから観察力《かんさつりょく》がするどく、細《こま》かいところにも気《き》がつく、アレクらしい大発見《だいはっけん》でした。

その後《ご》、チェインとフローリーという、イギリスの二人《ふたり》の化学者《かがくしゃ》が、ペニシリンを大量《たいりょう》に取《と》りだす方法《ほうほう》を見《み》つけました。フレミングは、かれらとともに、一九四五年《ねん》、ノーベル生理学《せいりがく》・医学賞《いがくしょう》を受賞《じゅしょう》しました。

ペニシリンを使《つか》って、むずかしい病気《びょうき》が治《なお》った人《ひと》は、道《みち》でフレミングを見《み》かけると、かけよってきて、あく手《しゅ》を求《もと》めました。そんなときフレミングは、決《き》まってこう言《い》いました。

「がんばったのは、細菌《さいきん》と戦《たたか》ったあなたの体《からだ》です。ペニシリンはそのお手伝《てつだ》いをしたのです。そして、ペニシリンを作《つく》ったのは、自《し》然《ぜん》の力《ちから》。わたしはそれをただ見《み》つけただけです。」

ペニシリンのように、細菌《さいきん》をやっつける力《ちから》をもった薬《くすり》を、抗生物質《こうせいぶっしつ》といいます。ペニシリンの発見《はっけん》は、その後《ご》三百《びゃく》近《ちか》い抗《こう》生物質《せいぶっしつ》を作《つく》ることに役立《やくだ》ち、「二十世紀《せいき》最大《さいだい》の発見《はっけん》の一つ」といわれています。

アレクサンダー・フレミング
（一八八一～一九五五年《ねん》）

わすれられていたペニシリン

フレミングは、ペニシリンを発見《はっけん》したことを当時《とうじ》の科学雑誌《かがくざっし》に発表《はっぴょう》しましたがまったくみとめられませんでした。また、フレミングもペニシリンをふやす方法《ほうほう》が見《み》つけられず、発見《はっけん》から十年《ねん》もそのままうもれてしまったのです。しかし、ぐうぜんフレミングの発表《はっぴょう》した文章《ぶんしょう》を読《よ》んだ二人《ふたり》の化学者《かがくしゃ》が、ペニシリンを大量《たいりょう》に取《と》りだす方法《ほうほう》を見《み》つけました。

ペニシリンは、たくさんの「ぐうぜん」によって世《よ》に出《で》ることになったのです。

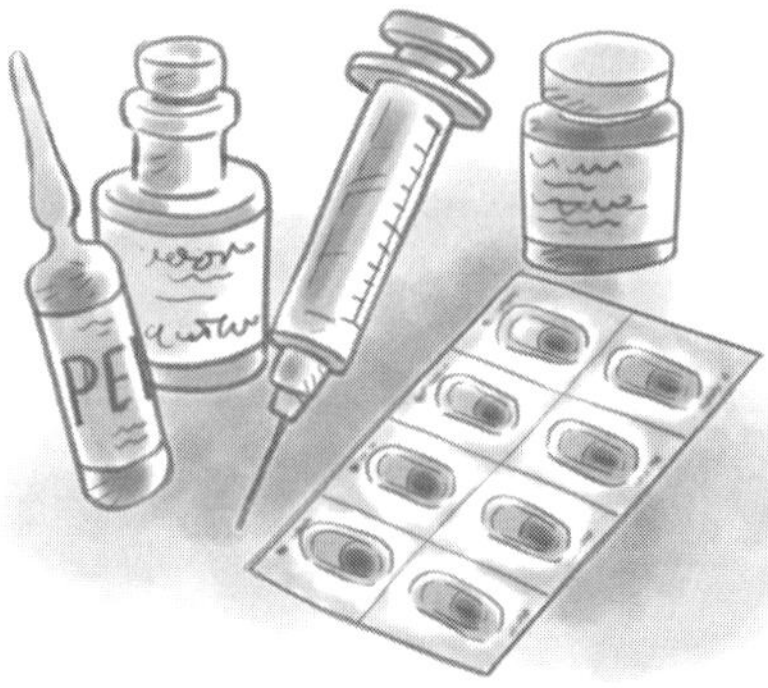

「世界《せかい》のクロサワ」と
よばれた
映画《えいが》かんとく

黒《くろ》澤《さわ》明《あきら》

文・小柳順治
絵・中村頼子

フランシス・コッポラ、スティーブン・スピルバーグ、ジョージ・ルーカス、そして、日本の宮崎駿《みやざきはやお》。世界的《せかいてき》に有名《ゆうめい》な映画《えいが》かんとくたちがそんけいする日本人《じん》がいることを知《し》っていますか。その人《ひと》の名前《なまえ》は、黒澤明《くろさわあきら》。「世界《せかい》のクロサワ」として、数《かず》かずの名作《めいさく》を生《う》みだしてきた映画《えいが》かんとくです。

小学生《しょうがくせい》のころ、明《あきら》は気《き》が小《ちい》さくて体《からだ》も弱《よわ》かったため、よく同級生《どうきゅうせい》たちにいじめられていました。

三年生《ねんせい》になったある日《ひ》、明《あきら》は図工《ずこう》の時間《じかん》に一生《いっしょう》けん命《めい》、一まいの絵《え》をかきあげました。クラスの子《こ》たちは、その絵《え》を見《み》て「へんてこな絵《え》」と笑《わら》いました。しかし、先生《せんせい》は「すばらしい絵《え》だね」と、明《あきら》の絵《え》に三重丸《さんじゅうまる》をつけてくれました。

これは明《あきら》にとって、本当《ほんとう》にうれしいことでした。これをきっかけに、明《あきら》は絵《え》をかくことが大好《だいす》きになり、「大《おお》きくなったら、画家《がか》になりたい」と思《おも》うようになりました。また、自信《じしん》がついて勉強《べんきょう》も運動《うんどう》もがんばれるようになり、成績《せいせき》も上《あ》がって、体《からだ》もどんどん強《つよ》くなっていきました。

大人《おとな》になった明《あきら》は、映画《えいが》を作《つく》る会社《かいしゃ》に入《はい》ります。ここで明《あきら》は、名《めい》かんとくといわれる、山本嘉次郎《やまもとかじろう》と出会《であ》いました。

「かんとくは、映画作《えいがづく》りのすべてを知《し》っておかなくてはならない。特《とく》にきゃく本《ほん》（映画《えいが》の台本《だいほん》）は大事《だいじ》だぞ。」

山本《やまもと》の教《おし》えにしたがって、明《あきら》はさまざまな映画作《えいがづく》りの仕事《しごと》にはげみ、一人前《いちにんまえ》の映画《えいが》かんとくに成長《せいちょう》していきました。

そして、一九五一年《ねん》、明《あきら》がかんとくした『羅生《らしょう》門《もん》』という映画《えいが》は、白《しろ》と黒《くろ》のくっきりとした映像《えいぞう》で海外《かいがい》の映画《えいが》かんとくた

ちをおどろかせ、世界三《せかいさん》大映画祭《だいえいがさい》の一つ、ベネチア国際映画祭《こくさいえいがさい》でグランプリ（最《さい》ゆうしゅう賞《しょう》）をとりました。当時《とうじ》、日本の映画《えいが》が世界的《せかいてき》な映画祭《えいがさい》で、賞《しょう》をもらえるとはだれも思《おも》っていなかったので、日本中《じゅう》が大《おお》さわぎになりました。

それ以来《いらい》、「日本にクロサワあり」と、明《あきら》の名前《なまえ》は世界中《せかいじゅう》に知《し》られるようになっていきました。

明《あきら》の代表作《だいひょうさく》といえば、『七人《しちにん》の侍《さむらい》』です。これは、とうぞくにねらわれた村《むら》の人《ひと》たちが、七人《しちにん》の侍《さむらい》をやとって村《むら》を守《まも》ろうとするお話《はなし》です。明《あきら》はきゃく本《ほん》を書《か》きあげるために、二人《ふたり》のきゃく本家《ほんか》とともに、旅館《りょかん》にこもりました。四十五日間《にちかん》、一歩《いっぽ》も外《そと》へ出《で》ずに、明《あきら》たちは、きゃく本《ほん》を書《か》きつづけました。

いいアイデアが出《で》なくて、きゃく本家《ほんか》たちが「もうだめだ」と音《ね》をあげると、明《あきら》は自《じ》分《ぶん》のノートを見《み》せました。それには、七人《しちにん》の侍《さむらい》のすがたやせいかくばかりでなく、侍《さむらい》た

ちがどこで生《う》まれ、どう生《い》きてきたか、細《こま》かな設定《せってい》がびっしりと書《か》きこまれていました。

「かんとくはこんな細《こま》かいところまで、考《かんが》えているのか。」

と、おどろいたきゃく本家《ほんか》たちは、もう一度《いちど》やる気《き》を出《だ》して、きゃく本《ほん》を完成《かんせい》させました。

そして、いよいよ、映画《えいが》のさつえいがスタートしました。

「アメリカ映画《えいが》に負《ま》けない、はく力《りょく》のある映画《えいが》を作《つく》りたい。」

明《あきら》は、さつえい現場《げんば》の人《ひと》たちに、自分《じぶん》のゆめを語《かた》りました。明《あきら》の情熱《じょうねつ》にこたえようと、スタッフや役者《やくしゃ》たちは必死《ひっし》にがんばりました。

馬《うま》を走《はし》らせるとき、うまく砂《すな》けむりが立《た》たないので、スタッフは、あれこれと工夫《くふう》して、木《き》をもやした灰《はい》を道《みち》にまきました。すると、灰《はい》の上《うえ》を馬《うま》がかけぬけるとき、真《ま》っ白《しろ》な灰《はい》がまいあがって、とてもはく力《りょく》のあるシーンになりました。

侍《さむらい》たちが雨《あめ》の中《なか》でとうぞくと戦《たたか》う場面《ばめん》では、ポンプ車《しゃ》を使《つか》ってたくさんの水《みず》をまきました。役者《やくしゃ》たちは頭《あたま》から冷《つめ》たい水《みず》を浴《あ》びながら、どろどろの田《た》んぼの中《なか》をかけずりまわり、体中《からだじゅう》どろだらけになりながら、けん命《めい》にしばいを続《つづ》けました。

黒澤 明

しかし、映画《えいが》の細《こま》かいところまでとことんこだわっていくうちに、どんどんお金《かね》がかかり、時間《じかん》もすぎていきました。

「『七人《しちにん》の侍《さむらい》』は、どうなっている。いつ、完成《かんせい》するんだ。」

会社《かいしゃ》の重役《じゅうやく》たちが、さわぎはじめました。そこで、明《あきら》は重役《じゅうやく》たちを集《あつ》めて、フィルムを見《み》せました。そのあまりのすばらしさに、重《じゅう》役《やく》たちは、「さつえいを続《つづ》けていい」と言《い》ってくれました。

『七人《しちにん》の侍《さむらい》』は、ふつうの日本映画《えいが》の五倍《ばい》から七倍《ばい》ものお金《かね》をかけてようやく完成《かんせい》し、大《だい》ヒット作《さく》となりました。

アメリカのはいゆう、ユル・ブリンナーがこの映画《えいが》に感動《かんどう》し、

「ぶたいをアメリカにおきかえて

リメイク（作《つく》りなおすこと）したい」と、言《い》いだしました。そして、日本映画《えいが》『七人《しちにん》の侍《さむらい》』は、ユル・ブリンナー主演《しゅえん》で『荒野《こうや》の七人《しちにん》』というハリウッド映画《えいが》になりました。世界一《せかいいち》の映画《えいが》産業《さんぎょう》をほこるアメリカのハリウッドで、日本の映画《えいが》がリメイクされるのは、それまで考《かんが》えられないことでした。そして、『荒野《こうや》の七人《しちにん》』も世《せ》界中《かいじゅう》で大《だい》ヒットしました。

しかし、日本の映画界《えいがかい》はしだいに元気《げんき》を失《うしな》っていきます。日本人《じん》が、一人《ひとり》あたり一年間《ねんかん》に十本《ぽん》も映画《えいが》を見《み》ていた時代《じだい》が終《お》わったのです。家《いえ》にテレビがあるのがふつうになって、人《ひと》びとはわざわざお金《かね》をはらってまで、映画館《えいがかん》で映画《えいが》を見《み》なくなりました。

明《あきら》にとっても、それはつらい時代《じだい》でした。細《こま》かいところまでこだわり、決《けっ》して手《て》をぬかない明《あきら》のやり方《かた》は、ほかの映画《えいが》よりずっとたくさんのお金《かね》と時間《じかん》がかかります。映画館《えいがかん》にお客《きゃく》がいなくなり、映画会社《えいががいしゃ》にお金《かね》がなくなって、明《あきら》がいいアイデアを出《だ》しても、それを映画《えいが》にすることがむずかしくなっていました。それでも、明《あきら》の映画《えいが》に対《たい》する情熱《じょうねつ》は、おとろえることはありませんでした。

「戦国時代《せんごくじだい》をぶたいにした映画《えいが》を作《つく》りたい。」

七十歳近《さいちか》くになって明《あきら》は、『影《かげ》武者《むしゃ》』という映画《えいが》のきゃく本《ほん》を書《か》きはじめました。

しかし、この映画《えいが》を作《つく》るためには、とてつもない大金《たいきん》が必要《ひつよう》でした。日本の映画会社《えいがかいしゃ》は、「とてもそんなお金《かね》は出《だ》せない」とことわりました。しかし、明《あきら》はあきらめず、二千《せん》まいもの映画《えいが》のイラストをかきつづけました。そのイラストを見《み》ておどろいたのが、コッポ

ラヤルーカスといったハリウッドの大《だい》かんとくたちでした。二千《せん》まいのイラストには、明《あきら》がこの映画《えいが》でどんな世界《せかい》をえがきたいのか、美《うつく》しいイメージがいっぱいにあふれていました。

「世界《せかい》のクロサワが映画《えいが》を作《つく》れないなんて。」

コッポラとルーカスは、アメリカの映画会社《えいががいしゃ》にかけあって、映画《えいが》を作《つく》るお金《かね》の一部《いちぶ》を出《だ》してもらいました。二人《ふたり》は明《あきら》の映画《えいが》の大《だい》ファンで、自分《じぶん》たちを「クロサワの弟子《でし》」と

いうほど、明《あきら》をそんけいしていました。かれらが明《あきら》のために力《ちから》をかしてくれたのです。

『影武者《かげむしゃ》』は世界中《せかいじゅう》で大《だい》ヒットして、世界《せかい》の注目《ちゅうもく》を集《あつ》めるカンヌ国際映画祭《こくさいえいがさい》でグランプリ（最《さい》ゆうしゅう賞《しょう》）をとりました。

「見《み》てくれた人《ひと》の人生《じんせい》に影響《えいきょう》をあたえるような映画《えいが》を作《つく》りたい。」

そんな思《おも》いで映画《えいが》を作《つく》りつづけた黒澤明《くろさわあきら》は、一九九八年《ねん》、この世《よ》を去《さ》りました。

明《あきら》の映画《えいが》は、アメリカの名《めい》かんとくたちばかりでなく、アニメ映《えい》画《が》の宮崎駿《みやざきはやお》かんとくや人気《にんき》タレントでもある北野武《きたのたけし》かんとくにも、

大《おお》きな影響《えいきょう》をあたえています。明《あきら》と会《あ》って話《はな》した宮崎《みやざき》かんとくは、「黒澤《くろさわ》かんとくの細《こま》かいところまでこだわりぬくやり方《かた》が好《す》きだ」と言《い》っています。北野《きたの》かんとくも、映画《えいが》『座頭市《ざとういち》』で、主人公《しゅじんこう》が雨《あめ》の中《なか》で戦《たたか》う場面《ばめん》は「『七人《しちにん》の侍《さむらい》』からヒントをもらった」と言《い》っています。

黒澤明《くろさわあきら》が映画《えいが》にこめたゆめと情熱《じょうねつ》は、今《いま》も世界中《せかいじゅう》の多《おお》くの映画《えいが》かんとくたちに、力強《ちからづよ》く受《う》けつがれているのです。

黒澤明《くろさわあきら》
（一九一〇～一九九八年《ねん》）

黒澤伝説《くろさわでんせつ》

映画作《えいがづく》りにとことんこだわった黒澤明《くろさわあきら》にはたくさんの伝説《でんせつ》が残《のこ》っています。

例《たと》えば『天国《てんごく》と地獄《じごく》』という映画《えいが》では、さつえい中《ちゅう》、カメラにいっしゅんだけうつる二階《にかい》建《だ》ての家《いえ》が気《き》に入《い》らず「あの家《いえ》がじゃまだな。どかそう」と言《い》いだしました。そこで、さつえいスタッフが、「この家《いえ》の屋根《やね》を取《と》りこわさせてください」と家《いえ》の人《ひと》にたのみこんで、本当《ほんとう》に屋根《やね》をこわしてしまったのです。もちろん、さつえい後《ご》には元《もと》どおりにもどしたそうです。

日本で初《はじ》めて
ノーベル賞《しょう》を
受賞《じゅしょう》した

湯《ゆ》川《かわ》 秀《ひで》樹《き》

文・こざきゆう
絵・福田ゆうこ

ノーベル賞《しょう》は、すばらしい研究《けんきゅう》や行《おこな》いをした人《ひと》や団体《だんたい》におくられる、世界的《せかいてき》な賞《しょう》です。この賞《しょう》を日本で初《はじ》めて受賞《じゅしょう》したのが、物理学《ぶつりがく》者《しゃ》、湯川秀樹《ゆかわひでき》です。

秀樹《ひでき》は、どのような人《ひと》だったのでしょう。また、どのような研究《けんきゅう》で、ノーベル賞《しょう》にかがやいたのでしょうか。

秀樹《ひでき》は一九〇七年《ねん》に生《う》まれました。無口《むくち》でおとなしい男《おとこ》の子《こ》で、人《ひと》に何《なに》かを説明《せつめい》することが、とても苦手《にがて》でした。おこられても、言《い》いわけもしません。何《なに》も「言《い》わん」というわけで、秀樹《ひでき》には「イワンちゃん」というあだ名《な》がつけられたほどです。

だから家《いえ》の人《ひと》たちからは、がんこで物《もの》わかりがおそい、

と思《おも》われていました。でも、決《けっ》してそんなことはありません。くみ絵《え》という、絵《え》をそろえるパズルがとても得《とく》意《い》で、いっしょにくらしていたおばあさんは、大変《たいへん》おどろきました。

「学校《がっこう》にあがっていないのにできるなんて、頭《あたま》のいい子《こ》だよ。」

また、おとなしい秀樹《ひでき》は、友《とも》だちと遊《あそ》ぶよりも本《ほん》を読《よ》むのが大好《だいす》き。おじいさんが字《じ》の読《よ》み方《かた》を教《おし》えてくれたので、小学生《しょうがくせい》になる前《まえ》

から、むずかしい本《ほん》でもすらすら読《よ》めるほどでした。家《いえ》にはたくさんの本《ほん》があったので、毎日《まいにち》のように読《よ》みふけりました。自分《じぶん》の知《し》らない世界《せかい》を知《し》ることができるのが、うれしかったのです。

秀樹《ひでき》は中学校《ちゅうがっこう》に入《はい》ると、数学《すうがく》が大好《だいす》きになり、次《つぎ》つぎにむずかしい問題《もんだい》をときました。ばんご飯《はん》の時間《じかん》にお母《かあ》さんのよぶ声《こえ》も耳《みみ》に入《はい》らないほど、問題《もんだい》をとくのに夢中《むちゅう》でした。

「まるでパズルかクイズのように、おもしろい。」

答《こた》える方法《ほうほう》を見《み》つけだしたしゅん間《かん》は、「生《い》きていてよかった」と思《おも》えるほどでした。

でも、おとなしいせいかくは変《か》わりません。お父《とう》さんは、秀樹《ひでき》が何《なに》を考《かんが》えているのかわからず、将来《しょうらい》が心配《しんぱい》でたまりませんでした。

「秀樹《ひでき》をこのまま、高校《こうこう》に進《すす》ませたほうがいいのだろうか。」

なやんで、秀樹《ひでき》の中学校《ちゅうがっこう》の校長先生《こうちょうせんせい》に相談《そうだん》しました。

すると、先生《せんせい》は、

「何《なに》をおっしゃいますか。数学《すうがく》のセンスは天才的《てんさいてき》ですよ。高校《こうこう》には、ぜひ、進学《しんがく》させるべきです。」

お父《とう》さんは、自分《じぶん》の知《し》らなかった秀樹《ひでき》の一面《いちめん》を知《し》り、安心《あんしん》しました。

こうして高校《こうこう》に入《はい》った秀樹《ひでき》ですが、数学《すうがく》が大《だい》きらいになってしまいます。テストのうちの、ある問題《もんだい》が、0点《てん》だったのです。秀樹《ひでき》は友《とも》だちにきいてみました。

「これは、どうして0点《てん》なんだろう。答《こた》えは合《あ》っているのに。」

「先生《せんせい》の教《おし》えたやり方《かた》で、問題《もんだい》をといていないからじゃないか。」

言《い》われてみると、そのとおりです。秀樹《ひでき》は、がっくりしてしまいました。

（数学《すうがく》は、問題《もんだい》によって、答《こた》えの出《だ》し方《かた》がいくつもあるから楽《たの》しかったのに……。先生《せんせい》が教《おし》えてくれたとおりでないと正解《せいかい》にならないなんて、何《なに》もおもしろくないや。）

その一方《いっぽう》で、物理学《ぶつりがく》に興味《きょうみ》をもつようになりました。

物理学《ぶつりがく》というのは、例《たと》えば「物《もの》が下《した》に落《お》ちるのはなぜか」といった自然界《しぜんかい》で起《お》こるさまざまなできごとが、どんな決《き》まりで成《な》りたっているのかを調《しら》べる学問《がくもん》です。秀樹《ひでき》は物理学《ぶつりがく》にすっかりのめりこんでしまいました。

「なんておもしろいんだろう。そうだ！　ぼくは、物理学者《ぶつりがくしゃ》を目指《めざ》そう。」

秀樹《ひでき》は大学《だいがく》で物理学《ぶつりがく》の道《みち》に進《すす》みました。そこで学《まな》び、わかったのは、物理学《ぶつりがく》には、まだまだわからないことが多《おお》い、ということでした。おさないころから、新《あたら》しいことを知《し》るのが大好《だいす》きだった秀樹《ひでき》は、卒業後《そつぎょうご》も大学《だいがく》で物理学《ぶつりがく》の研究《けんきゅう》を続《つづ》けることにしました。

秀樹《ひでき》が研究《けんきゅう》していたのは、「原子《げんし》」の世界《せかい》でした。

わたしたちの体《からだ》や木《き》や水《みず》などすべてのものは、どんどん小《ちい》さく分《わ》けていくと、原子《げんし》という目《め》に見《み》えないほどの小《ちい》さなつぶになります。

この原子《げんし》の真《ま》ん中《なか》には「原子核《げんしかく》」があります。そして、原子核《げんしかく》は「陽子《ようし》」と「中性子《ちゅうせいし》」というつぶが、くっついてできていることがわかっていました。しかし、「陽子《ようし》」と「中性子《ちゅうせいし》」が、どのような力《ちから》でくっついているのか、世界中《せかいじゅう》の物理学者《ぶつりがくしゃ》がだれ一人《ひとり》として説明《せつめい》できていなかったのです。

「このなぞを、といてやる。」

秀樹《ひでき》は毎日《まいにち》、それこそ食事中《しょくじちゅう》も、歩《ある》いているときも、考《かんが》えなやみました。考《かんが》えすぎたあまり、ねむれなくなったほどです。

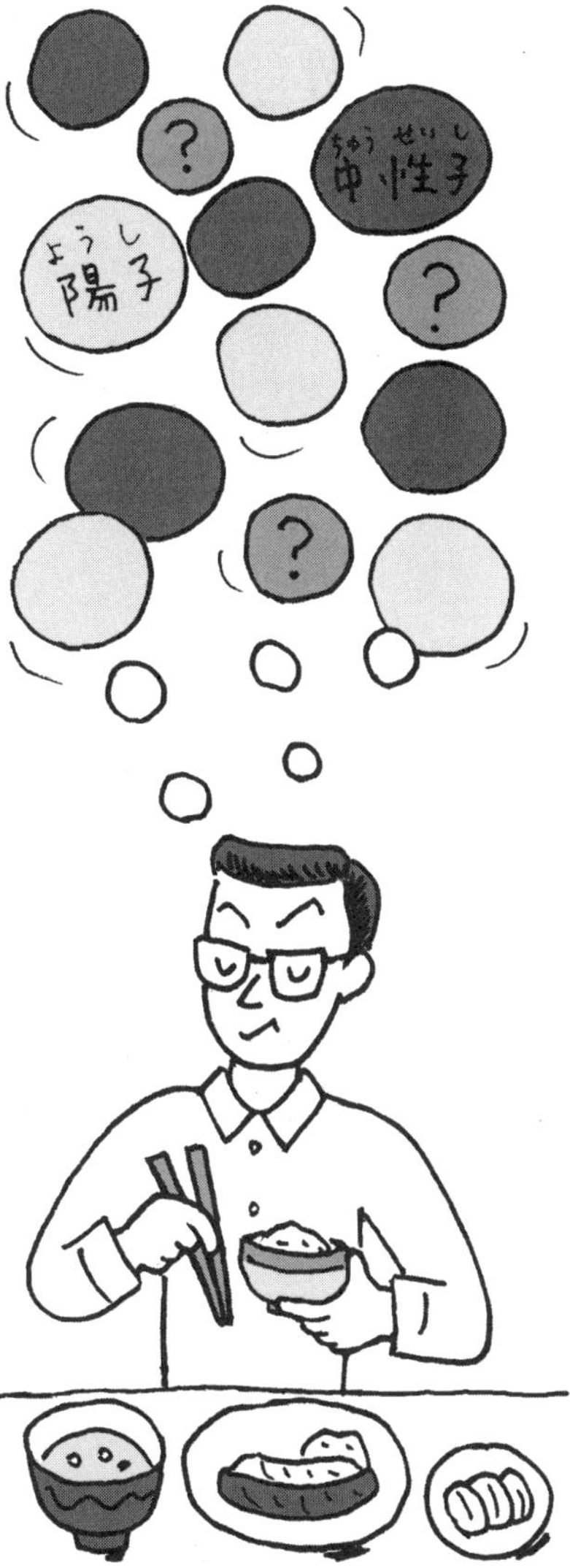

ねむれない日《ひ》が続《つづ》いたある夜《よる》、

とつぜん、ひらめきました。

「世界中《せかいじゅう》の学者《がくしゃ》は、陽子《ようし》と中性子《ちゅうせいし》以外《いがい》のつぶが、原子核《げんしかく》の中《なか》にあるとは考《かんが》えていない。でも、陽《よう》子《し》と中性子《ちゅうせいし》の間《あいだ》には、まだ知《し》られていない新《あら》たなつぶがあるのではないだろうか。そのつぶがもつ力《ちから》で、陽子《ようし》と中性子《ちゅうせいし》がくっついているとしたら、説明《せつめい》がつくじゃないか。」

秀樹《ひでき》はこの新《あら》たなつぶに、「中間《ちゅうかん》子《し》」という名前《なまえ》をつけ、一九三五年《ねん》に「中間子論《ちゅうかんしろん》」として発表《はっぴょう》しました。

ところが、はじめのうち、秀樹《ひでき》の考《かんが》えには、ほとんど反響《はんきょう》がありませんでした。なぜなら、中間子《ちゅうかんし》は実際《じっさい》には発見《はっけん》されていなかったからです。あまりにも新《あたら》しい考《かんが》え方《かた》で、さらに、秀樹《ひでき》が下《した》を向《む》いてぼそぼそと発表《はっぴょう》をしたから、ということもありました。

もっとも、秀樹《ひでき》は気《き》にしていませんでした。

「中間子《ちゅうかんし》は、まちがいなくある。発見《はっけん》されるときが必《かなら》ず来《く》る。」

それから二年後《ねんご》、アメリカの学者《がくしゃ》が中間子《ちゅうかんし》と思《おも》われるつぶを発見《はっけん》

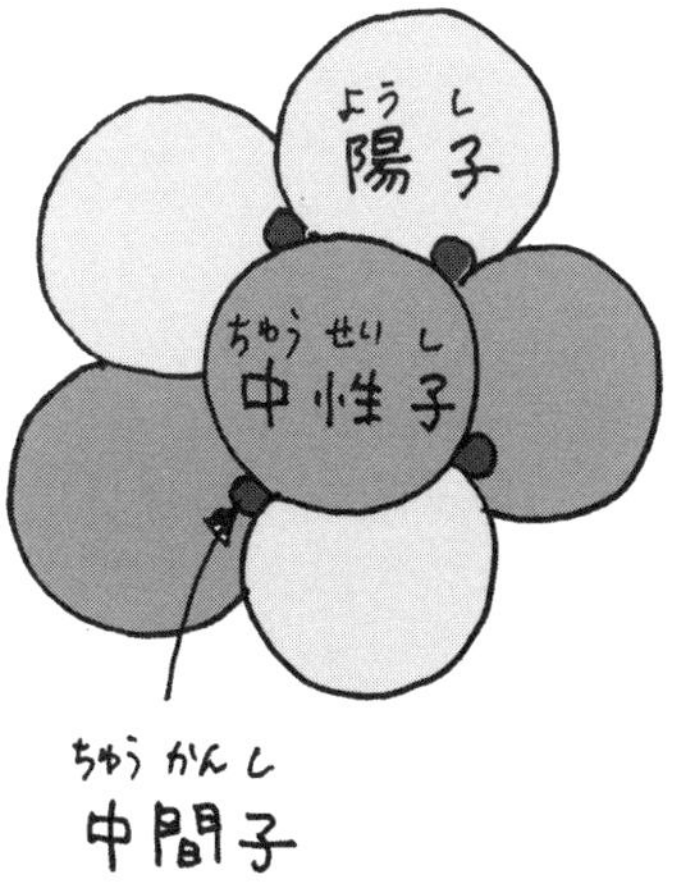

すると、秀樹《ひでき》の考《かんが》えに注目《ちゅうもく》があつまりました。しかし、それは中間《ちゅうかん》子《し》ではありませんでした。さらに十年後《ねんご》の一九四七年《ねん》、秀樹《ひでき》が予言《よげん》したとおり、原子核《げんしかく》の中《なか》には、陽子《ようし》と中性子《ちゅうせいし》をつなぎとめる中間子《ちゅうかんし》があることを、イギリスの学者《がくしゃ》がついに発見《はっけん》したのです。

秀樹《ひでき》の名《な》は世界中《せかいじゅう》にとどろき、海外《かいがい》の研究機関《けんきゅうきかん》や大学《だいがく》から、先生《せんせい》として、まねかれました。そして、アメリカの大学《だいがく》で、中間子《ちゅうかんし》の研《けん》究《きゅう》を続《つづ》けていた一九四九年《ねん》――。

「わたしが、ノーベル物理学賞《ぶつりがくしょう》だって!?」

秀樹《ひでき》の受賞《じゅしょう》は『全世界的《ぜんせかいてき》に最大《さいだい》の名誉《めいよ》』と、日本のテレビや新聞《しんぶん》で大《おお》きく取《と》りあげられました。そのころの日本は戦争《せんそう》に負《ま》けたあと、苦《くる》しい中《なか》から立《た》ちなおろうとしていた時代《じだい》でした。そんな中《なか》で、秀《ひで》樹《き》の受賞《じゅしょう》は「日本人《じん》もやればできるんだ」と、人《ひと》びとに明《あか》るい希望《きぼう》をあたえる話題《わだい》となったのです。

秀樹《ひでき》は受賞後《じゅしょうご》、こう言《い》いました。

「中間子《ちゅうかんし》の発見《はっけん》は、大《おお》きいうちゅうの中《なか》の一つの星《ほし》を見《み》つけたようなもの。うちゅうは多《おお》くのなぞにあふれ、科学《かがく》はその入《い》り口《ぐち》に入《はい》ったばかりです。わたしには、まだまだ研究《けんきゅう》するべきことがたくさんあります。」

その言葉《ことば》のとおり、日本に新《あたら》しい研究所《けんきゅうじょ》を作《つく》り、研《けん》究《きゅう》を続《つづ》けました。

また、その研究所《けんきゅうじょ》で、わかく、ゆうしゅうな物理学《ぶつりがく》者《しゃ》をたくさん育《そだ》てました。秀樹《ひでき》に続《つづ》く日本人《じん》のノーベル賞受賞者《しょうじゅしょうしゃ》に物理学賞受賞《ぶつりがくしょうじゅしょう》者《しゃ》が多《おお》いというのも、決《けっ》してぐうぜんではありません。

研究以外《けんきゅういがい》にも、世界《せかい》の科《か》

学者《がくしゃ》たちと協力《きょうりょく》して、平和運動《へいわうんどう》にも力《ちから》をつくしました。物理学《ぶつりがく》の研《けん》究《きゅう》が、戦争《せんそう》でおそろしい核兵器《かくへいき》の発明《はつめい》に使《つか》われ、多《おお》くの命《いのち》が失《うしな》われてしまったことが、きっかけでした。

秀樹《ひでき》は、七十四歳《さい》でなくなる直前《ちょくぜん》まで、世界中《せかいじゅう》に平和《へいわ》への願《ねが》いをうったえ続《つづ》け、その一生《いっしょう》を終《お》えたのです。

湯川秀樹《ゆかわひでき》
（一九〇七～一九八一年《ねん》）

研究者《けんきゅうしゃ》が集《あつ》まる場所《ばしょ》を作《つく》った

湯川秀樹《ゆかわひでき》のノーベル賞受賞《しょうじゅしょう》を記念《きねん》して、一九五二年《ねん》に京都大学《きょうとだいがく》に湯川記念館《ゆかわきねんかん》が作《つく》られました。次《つぎ》の年《とし》、この記念館《きねんかん》は全国《ぜんこく》の研究者《けんきゅうしゃ》が利用《りよう》できる、基礎物理学研究《きそぶつりがくけんきゅう》所《しょ》に生《う》まれかわりました。湯川《ゆかわ》は、研究《けんきゅう》所《しょ》の初代所長《しょだいしょちょう》をつとめました。

二〇〇八年《ねん》にノーベル物理学賞《ぶつりがくしょう》を受賞《じゅしょう》した益川敏英《ますかわとしひで》も、基礎物理学研究所《きそぶつりがくけんきゅうしょ》の所《しょ》長《ちょう》でした。そして、現在《げんざい》も全国《ぜんこく》からわかい研究者《けんきゅうしゃ》が集《あつ》まり、最新《さいしん》の研究《けんきゅう》について話《はな》しあっています。

おうちの方へ

塩谷京子

◇◇◇

四年生のときに、子どもたちは「九つ」から「十」になります。「つ」がつかなくなる年齢になるのです。学校によっては、二分の一成人式を行うところもあります。

小学校の低学年は、教師との結びつきが強く家族的な雰囲気の中で生活をしています。一方、高学年は集団で生活をしながらも自分への関心が強くなる年齢です。その間の中学年は、大人数の集団で遊んだり意欲的になんにでも挑戦しようとしたりする最も児童らしい時期といえます。中学年から高学年への橋渡しである四年生は、集団を作り集団の中で活発に活動しながらも、徐々に自分自身へ目が向き始める年齢ということになります。

このようなときに出会う本が、子どもに大きく影響を与えないはずがありません。伝記のように生き方が書かれている本からのメッセージは、ダイレクトに子どもの心に届きます。悲しみやくやしさ、挫折や怒り、そしてたゆまぬ努力を、四年生の子どもたちは正面から受け取ることができます。
伝記を読むということは、人に出会うということです。本書では、四年生だからこそ出会わせたい十二人を選びました。歴史に残ることを成し遂げた人たちばかりですが、だからといってつらいことがなかったわけではありません。山あり谷ありの日々がバネになっているはずです。
毎日、楽しいことやうれしいことばかりに囲まれて過ごすことはできません。時には、願いや思いとは反対の方向に進んでいることもあります。ありのままの自分を受け入れ、前に進もうとする子どもたちを、伝記に出てくる人たちが応援します。応援はメッセージとして子どもたちの心に届き、うれしい時にはともに喜び、苦しい時にはきっと励ましてくれることでしょう。
あこがれる人をもつことは、夢をはぐくみます。夢があると、きらきらします。成人式までの折り返し地点に立ちました。十代の毎日が、きらきらきらした日々になることを心から願っています。

塩谷京子（しおや きょうこ）

静岡県生まれ。
関西大学大学院総合情報学研究科 博士課程修了 博士（情報学）。
静岡市公立小学校教諭、関西大学初等部教諭（中高等部兼務）を経て、
現在、放送大学客員准教授。

〈 主な著書 〉

『探究の過程における　すぐ実践できる情報活用スキル55』（単著）ミネルヴァ書房
『司書教諭の実務マニュアル　シオヤ先生の仕事術』（単著）明治図書出版
『小学校　明日からできる！　読書活動アイデア事典』（共著）明治図書出版
『本をもっと楽しむ本ー読みたい本を見つける図鑑』全４巻（監修）学研
『しらべる力をそだてる授業！』（共著）ポプラ社

監修　塩谷京子

表紙絵　スタジオポノック／山下明彦　©STUDIO PONOC

装丁・デザイン　株式会社マーグラ

編集協力　グループ・コロンブス（偉人のとびら）　近野十志夫（偉人のとびら）　入澤宣幸

協力　慶應義塾広報室

写真提供　PIXTA

肖像絵　角愼作

よみとく10分

10分で読める伝記　4年生

2011年７月24日　第１刷発行
2019年10月15日　増補改訂版第１刷発行
2024年10月15日　増補改訂版第10刷発行

発行人　土屋徹

編集人　芳賀靖彦

企画編集　井上茜　西田恭子　矢部絵莉香

発行所　株式会社Gakken
〒141-8416　東京都品川区西五反田 2-11-8

印刷所　TOPPAN株式会社

【編集部より】
※本書は、『10分で読める伝記４年生』（2011年刊）を増補改訂したものです。
※この本は、2019 年９月現在の情報にもとづいた内容になっていますが、内容によっては異なる説もあります。また、人物の言葉や一部のエピソードは、設定や史実をもとに想定したものです。挿絵は史実にもとづきながらも、小学生が楽しめるよう、親しみやすく表現しています。

【この本に関する各種お問い合わせ先】
- 本の内容については、下記サイトのお問い合わせフォームよりお願いします。
  https://www.corp-gakken.co.jp/contact/
- 在庫については　Tel 03-6431-1197（販売部）
- 不良品（落丁、乱丁）については　Tel 0570-000577
  学研業務センター　〒354-0045 埼玉県入間郡三芳町上富 279-1
- 上記以外のお問い合わせは　Tel 0570-056-710（学研グループ総合案内）

169ページ
黒澤明

黒《くろ》澤《さわ》明《あきら》 びっくりエピソード

海外《かいがい》の有名《ゆうめい》な映画《えいが》かんとくからも、そんけいされた黒澤明《くろさわあきら》。さつえいのときのびっくりするようなエピソードがあるよ。

びっくりエピソード 1 本物《ほんもの》の矢《や》を使《つか》った！

『蜘蛛巣城《くものすじょう》』という作品《さくひん》では、主役《しゅやく》が矢《や》を浴《あ》びせられるというシーンにはく力《りょく》を出《だ》すため、さつえいでは、なんと本物《ほんもの》の矢《や》が使《つか》われました。

びっくりエピソード 2 雨《あめ》に墨汁《ぼくじゅう》をまぜた！

海外《かいがい》の西部劇《せいぶげき》の砂《すな》あらしシーンをヒントに、時代《じだい》劇《げき》でよく大雨《おおあめ》をふらせました。ふらせる水《みず》に墨汁《ぼくじゅう》をまぜて雨《あめ》を強調《きょうちょう》し、決《けっ》とうの様子《ようす》にさらにはく力《りょく》を加《くわ》えました。

びっくりエピソード 3 同《おな》じ空《そら》になるまで

『七人《しちにん》の侍《さむらい》』では、地方《ちほう》でのさつえいと東京都《とうきょうと》内《ない》のさつえい所《じょ》での映像《えいぞう》を組《く》みあわせました。地方《ちほう》でとったときの空《そら》と少《すこ》しでもちがうと、東京《とうきょう》でのさつえいを何日《なんにち》でも待《ま》ったそうです。

137ページ
ルイ・ブライユ

ルイ・ブライユの点字《てんじ》が見《み》つかるかな？

ルイ・ブライユがきそを発明《はつめい》した点字《てんじ》は、身近《みぢか》な場所《ばしょ》で見《み》られるよ。

飲《の》み物《もの》のかん

アルコール類《るい》の飲《の》み物《もの》のかんには、子《こ》どもがまちがえて飲《の》んだりしないように「おさけ」という意味《いみ》の点字《てんじ》があります。

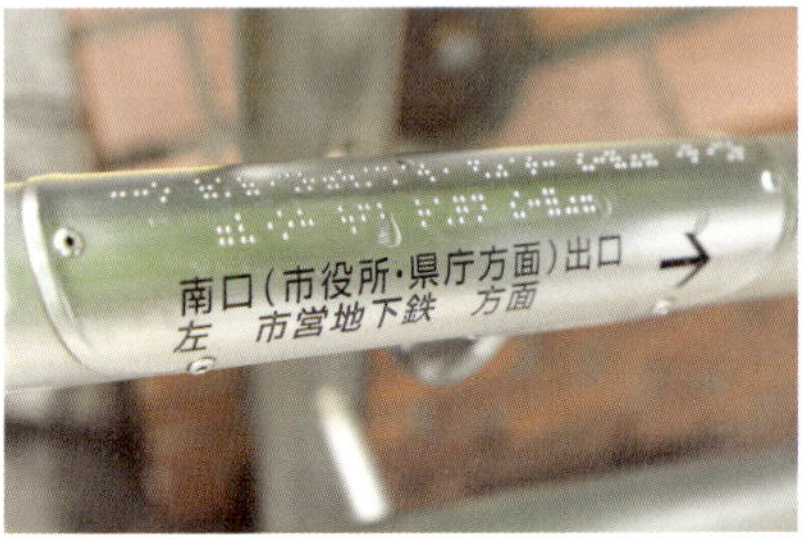

手《て》すり

駅《えき》の通路《つうろ》に設置《せっち》された手《て》すりにある点《てん》字《じ》。漢字《かんじ》で書《か》いてあるのと同《おな》じことがしめされています。

接着剤《せっちゃくざい》の容器《ようき》

食品《しょくひん》とまちがえて口《くち》にしないように、商《しょう》品名《ひんめい》を点字《てんじ》でしめした例《れい》です。

案内板《あんないばん》

駅《えき》などの案内板《あんないばん》には、たくさんのじょうほうが点字《てんじ》でしめされています。

点字《てんじ》を見《み》つけたら、
なぜそこに点字《てんじ》が必要《ひつよう》なのか
考《かんが》えてみよう。

121ページ
福沢諭吉

福《ふく》沢《ざわ》諭《ゆ》吉《きち》がくらした場《ば》所《しょ》をたずねてみよう!

「平等《びょうどう》」という考《かんが》え方《かた》を日本に広《ひろ》めた福沢諭吉《ふくざわゆきち》。
諭吉《ゆきち》にゆかりのある場所《ばしょ》をしょうかいするよ。

福沢公園《ふくざわこうえん》

今の慶応義塾大学《けいおうぎじゅくだいがく》のもととなる塾《じゅく》を開《ひら》いた諭吉《ゆきち》が、37歳《さい》のときに塾《じゅく》とともに引《ひ》っこしてきた場所《ばしょ》（東京都港区《とうきょうとみなとく》）。諭《ゆ》吉《きち》はなくなるまでのおよそ30年間《ねんかん》をここですごしました。今《いま》は慶応義塾大学《けいおうぎじゅくだいがく》三《み》田《た》キャンパス内《ない》の公園《こうえん》になっています。

諭吉《ゆきち》がなくなった場所《ばしょ》をしめす石碑《せきひ》がたっています。

諭吉《ゆきち》が、2歳《さい》から10代後半《だいこうはん》までくらした家《いえ》です。

福沢諭吉旧居《ふくざわゆきちきゅうきょ》

大分県中津市《おおいたけんなかつし》には、諭吉《ゆきち》が幼少期《ようしょうき》をすごした家《いえ》が残《のこ》っています。土蔵《どぞう》の2階《かい》を自分《じぶん》で手入《てい》れし、勉強部屋《べんきょうべや》にしたといわれています。

105ページ
植村直己

植村直己《うえむらなおみ》が登《のぼ》った エベレストってどんな山《やま》？

日本人《じん》として初《はじ》めて、植村直己《うえむらなおみ》と松浦輝夫《まつうらてるお》が登《のぼ》ったエベレストは、どんな山《やま》なんだろう。くわしく見《み》てみよう。

いろいろなよび名《な》

エベレストは、中国《ちゅうごく》のチベット自治区《じちく》とネパールの国境《こっきょう》にそびえています。そのため、英語名《えいごめい》「**エベレスト**」のほか、チベット語《ご》の「**チョモランマ**」、ネパール語《ご》の「**サガルマータ**」という名前《なまえ》でもよばれています。

登山者《とざんしゃ》をこばみつづけた

富士山《ふじさん》の２倍《ばい》をはるかにこえる高《たか》さ8848メートルのエベレストは、頂上《ちょうじょう》まで登《のぼ》りきることができる人《ひと》が、なかなかいませんでした。イギリス登山隊《とざんたい》のヒラリーとテンジンが人類初《じんるいはつ》の登頂《とうちょう》を成《な》しとげたのは、イギリス隊《たい》が初《はじ》めてちょうせんしてから**32年後《ねんご》の、1953年《ねん》**のことでした。

女性初登頂《じょせいはつとうちょう》は日本人《じん》

世界《せかい》で初《はじ》めてエベレストに登《のぼ》った女性《じょせい》は、日本人《じん》の**田部井淳子《たべいじゅんこ》**。
植村直己《うえむらなおみ》たちが初《はじ》めて登《のぼ》ってから５年後《ねんご》の、1975年《ねん》のことでした。

71ページ
ニュートン

ニュートンの人生《じんせい》紙《かみ》しばい

万有引力《ばんゆういんりょく》の法則《ほうそく》を発見《はっけん》したニュートンの人生《じんせい》を絵《え》にしたよ。正《ただ》しい時代《じだい》の順《じゅん》にならべかえよう。

ケンブリッジ大学《だいがく》に入学《にゅうがく》。

ハレーに研究発表《けんきゅうはっぴょう》をすすめられる。

『プリンキピア』で名声《めいせい》をえる。

工作《こうさく》でおばあさんをおどろかせていた。

りんごの木《き》で万有引力《ばんゆういんりょく》の法則《ほうそく》を発見《はっけん》。

論文《ろんぶん》をみとめられて大学教授《だいがくきょうじゅ》になる。

答え　エ→ア→オ→カ→イ→ウ

57ページ
坂本龍馬

坂本龍馬《さかもとりょうま》と同《おな》じ時代《じだい》を生《い》きた人《ひと》たち

幕末《ばくまつ》の世《よ》をかけぬけるように生《い》きた坂本龍馬《さかもとりょうま》。
同《おな》じ時代《じだい》には、こんな人《ひと》たちが活《かつ》やくしていたんだ。

薩長同盟《さっちょうどうめい》

西郷隆盛《さいごうたかもり》

薩摩藩《さつまはん》（今《いま》の鹿児島県《かごしまけん》）出身《しゅっしん》。長州藩《ちょうしゅうはん》（今《いま》の山口県《やまぐちけん》）と薩長同盟《さっちょうどうめい》を結《むす》んで、江戸幕府《えどばくふ》をたおしました。

坂本龍馬《さかもとりょうま》

桂小五郎《かつらこごろう》（木戸孝允《きどたかよし》）

長州藩出身《ちょうしゅうはんしゅっしん》。江戸幕府《えどばくふ》をたおすために薩長同盟《さっちょうどうめい》を結《むす》び、新政府《しんせいふ》では基本方針《きほんほうしん》を作《つく》るなどしました。

勝海舟《かつかいしゅう》

幕府《ばくふ》の役人《やくにん》。海軍《かいぐん》のぎじゅつを学《まな》んでアメリカへ。西郷隆盛《さいごうたかもり》と交《こう》しょうして、江戸城《えどじょう》明《あ》けわたしを実現《じつげん》しました。

近藤勇《こんどういさみ》

江戸幕府《えどばくふ》を守《まも》るために組織《そしき》された新選組《しんせんぐみ》の隊長《たいちょう》。幕府《ばくふ》をたおそうとする新政府軍《しんせいふぐん》と戦《たたか》って敗《やぶ》れました。

ジョン万次郎《まんじろう》（中浜万次郎《なかはままんじろう》）

アメリカにわたり、その体験《たいけん》を日本に広《ひろ》めました。龍馬《りょうま》の考《かんが》え方《かた》に大《おお》きな影響《えいきょう》をあたえたといわれています。

27ページ
マリー・アントワネット

マリー・アントワネットのくらしは、どのくらいごうかだった？

フランス王妃《おうひ》となったマリー・アントワネットは、大《おお》きな宮《きゅう》でんで、ほう石《せき》やドレスにかこまれた、ごうかなくらしをしていたんだ。

ベルサイユ宮《きゅう》でん

マリーが住《す》んでいたのは、世界一《せかいいち》ごうかといわれ、世界文化遺産《せかいぶんかいさん》にも登録《とうろく》されたベルサイユ宮《きゅう》でん。357まいもの鏡《かがみ》が使《つか》われている鏡《かがみ》の間《ま》（上《うえ》の写真《しゃしん》）が有名《ゆうめい》で、フランスの王様《おうさま》の結婚式《けっこんしき》やぶとう会《かい》などが行《おこな》われていました。

プチ・トリアノン

宮《きゅう》でんの近《ちか》くにある、マリーがくらした別荘《べっそう》。かたくるしい宮《きゅう》でんでの生活《せいかつ》の中《なか》で、マリーがほっとできる場所《ばしょ》だったといわれています。

偉《い》人《じん》のとびら

伝記《でんき》に出《で》てきた偉人《いじん》たちを、
クイズやエピソードで、もっとくわしく学《まな》ぼう!

絵・なかさこかずひこ!/オオタヤスシ